Altern und Psychoanalyse

herausgegeben von
Hartmut Radebold

Vandenhoeck & Ruprecht
in Göttingen

PSYCHOANALYTISCHE BLÄTTER

Herausgegeben von Wilhelm Burian, Wien; Berthold Rothschild, Zürich; Louis M. Tas, Amsterdam; Jörg Wiesse, Nürnberg. Unter Mitarbeit von Eva Weinstock-Kroczek.

Band 1:	Aggression am Ende des Jahrhunderts herausgegeben von Jörg Wiesse
Band 2:	Ererbte Traumata herausgegeben von Louis M. Tas und Jörg Wiesse
Band 3:	Die Zukunft der Psychoanalyse herausgegeben von Wilhelm Burian
Band 4:	Geschlecht und Gewalt herausgegeben von Margarete Berger und Jörg Wiesse
Band 5:	Selbstmystifizierung der Psychoanalyse herausgegeben von Berthold Rothschild

Die Bände können einzeln bezogen oder zur Subskription bestellt werden – dann ermäßigt sich der Preis um 10%.

Die Deutsche Bibliothek – CIP-Einheitsaufnahme

Altern und Psychoanalyse / hrsg. von Hartmut Radebold.–
Göttingen: Vandenhoeck & Ruprecht, 1997
(Psychoanalytische Blätter; Bd. 6)
ISBN 3-525-46005-8
NE: Radebold, Hartmut [Hrsg.]; GT

Satz: Text und Form, Pohle
Druck und Bindearbeiten: Hubert & Co., Göttingen

Inhalt

The ſeven Ages of Man. *Septem Ætates Hominis.*

Hartmut Radebold

Psychoanalyse und Altern

Zwei einander Fremde beginnen den Dialog

Summary: Psychoanalysis and Aging. Two Strangers are starting the Dialogue

So far psychoanalysis seldom has considered aging and age in the German speaking area. Reasons for that are due to the ideas of S. Freud, to deficit oriented views of later generations of analysts and to the often in treatments arising difficulties depending on a „reverse" transference-/counter-transference reaction. Being 20 years in behind to the USA the dialogue just began now. This could effect a better understanding of normal and disturbed psycho-sexual and psycho-social development during the whole life course, of the urgent needed offer of treatment for the elderly and finally could produce for the analysts a more adequate comprehension of their own age.

Für die Psychoanalyse in Deutschland stellte und stellt Altern (verstanden als die Zeit nach dem 60. Lebensjahr) eine weitgehend unbekannte und eher abgelehnte Welt dar. Dieser Sachverhalt wird belegt durch die minimale Anzahl betreffender Publikationen in den psychoanalytischen Fachzeitschriften, durch die fehlenden diesbezüglichen Kongreßthemen, durch die Tatsache, daß – wenn überhaupt – der Anteil der über 60jährigen Patienten in Praxen niedergelassener Psychoanalytiker weniger (etwas höher in Kliniken) als ein Prozent beträgt, sowie durch die nur in geringem Umfang existierenden psychoanalytischen Konzepte zu Altern und Altsein. Eine bedrückende Bilanz angesichts der dramatischen demographischen Veränderungen, die dazu führen werden, daß in 25, spätestens 30 Jahren ein Drittel der Bevölkerung der Bundesrepublik zu den über 60jährigen zählt.

Die ursprüngliche Sicht

Sigmund Freud als Begründer der Psychoanalyse erlebte bereits selbst erhebliche Schwierigkeiten mit der Thematik Altern und Alter. An einer Altersphobie leidend, stellt er in seinen wenigen diesbezüglichen Aussagen im Gesamtwerk Altern weitgehend als involutiven Prozeß dar. Unverändert hielt er bis zum Lebensende daran fest, daß „ein Alter in der Nähe des 5. Dezenniums“ eine Kontraindikation für die psychoanalytische Behandlung darstelle, da der Abstand zu den prägenden Kindheitserlebnissen zu groß und das zu bearbeitende neurotische Material zu umfangreich sei. Außerdem bestehe bei zunehmenden hirnorganischen Veränderungen auf seiten der Älteren kein Interesse an einer derartigen Behandlung. Offensichtlich machte er selbst kaum befriedigende Behandlungserfahrungen mit über 40jährigen neurotisch Erkrankten; den wenigen von ihm gesehenen Patienten bestätigt er einen ausgeprägten sekundären Krankheitsgewinn bei weitgehend fehlendem Leidensdruck. Psychisch Alterskranke kannte er aufgrund seiner klinischen Weiterbildung als Psychiater und Neurologe lediglich als alt gewordene Schizophrene und Demente, das heißt Kranke mit quartärer Lues oder mit einer Alzheimer-Demenz. Verständlicherweise richtete sich sein Interesse auf Kindheit und Jugend, also auf die Genese neurotischer Erkrankungen. Auffallend ist jedoch, in welchem Umfang er Altern als Lebensphase und Prozeß abwehren mußte (Radebold 1992, 1994b).

Die ersten Generationen seiner psychoanalytischen Schüler, vorwiegend Ärzte und insbesondere Psychiater, begegneten Alterskranken wiederum offenbar lediglich in der

Form von stationär zu bewahrenden, alt gewordenen Schizophrenen und Dementen.

Unterschiedliche Entwicklungen

In den USA beginnen ab 1960 erstmals Psychoanalytiker, sich systematisch und langfristig theoretisch und praktisch mit Altersfragen zu befassen. Die damalige Startsituation belegt die Gründungen der „Boston Society for Gerontologic Psychiatry" 1963 mit ihren regelmäßigen Symposien und des „Journal of Geriatric Psychiatry" 1969 – der bis heute weltweit einzigen psychoanalytisch ausgerichteten gerontopsychiatrischen Publikation.

Die Sichtung dieser jetzt 29 Jahrgänge belegt, in welch großem Umfang nun theoretische und praktische Kenntnisse zu einzelnen Behandlungsverfahren in unterschiedlichen Settings, zu Krankheitsbildern, zur Übertragung moderner psychoanalytischer Konzepte auf den Altersbereich und ebenso zur psychoanalytischen Entwicklungspsychologie vorliegen. Gerade für letztere dokumentieren die im Abstand von 15 Jahren erschienenen Übersichtsbände (Greenspan u. Pollock 1981; Pollock u. Greenspan 1993, 1996) die systematische Wissenserweiterung aufgrund umfangreicher Forschungen – wobei diese und viele andere Publikationen zu dieser Thematik hierzulande kaum bekannt sind.

Dagegen begann man sich im deutschsprachigen Raum (Radebold 1989) erst seit Anfang der 80er Jahre umfassender (von eigenen Arbeiten abgesehen) – also gegenüber der Entwicklung in den USA um mindestens 20 Jahre verzögert – für dererlei Fragestellungen und die Behandlung Älterer zu interessieren. Eine immer noch kleine Gruppe (vertreten an den Universitäten von Kassel und Essen; in gerontopsychiatrischen Kliniken oder in der freien Praxis tätig) vermittelte zunächst der hiesigen Fachöffentlichkeit, daß psychoanalytische Psychotherapie (kurz- und längerfristige Einzelpsychotherapie, Gruppenpsychotherapie, Paartherapie) für unterschiedliche Krankheitsbilder unter unterschiedlichen

Settingbedingungen (von Beratungsstellen über Praxen, Tageskliniken bis hin zum stationären Bereich) mindestens bis zum 80. Lebensjahr langfristig erfolgreich angewandt werden kann. Gleichzeitig verdeutlichen die Publikationen der letzten Jahre (HINZE 1996; HIRSCH 1993; JUNKERS 1995; KEMPER 1990; KIPP und JÜNGLING 1991; RADEBOLD 1992a, 1992b; RADEBOLD und SCHWEIZER 1996; SCHLESINGER-KIPP 1995; TEISING 1992), daß jetzt parallel zur zunehmend systematisiert erfolgenden Sammlung und Sichtung von Behandlungserfahrungen praxisorientierte Forschung durchgeführt wird, aber auch weitgehend theoretisch ausgerichtete Publikationen zunehmen. Dazu organisierte diese Gruppe drei wichtige Tagungen (im 8. Jahr „Psychotherapie und Alter" in Bonn; im 8. Jahr „Psychoanalyse und Altern" in Kassel sowie im 5. Jahr „Arbeitstagung zur Gerontopsychosomatik" in Essen). Ebenso war sie maßgeblich an der Gründung der „Deutschen Gesellschaft für Gerontopsychiatrie und -psychotherapie" beteiligt und initiierte den Arbeitskreis „Gerontopsychosomatik" des Deutschen Kollegiums für Psychosomatische Medizin (DKPM) und den Arbeitskreis „Gerontopsychosomatik und Alternspsychotherapie" der Deutschen Gesellschaft für Gerontologie und Geriatrie.

Eine umfassendere systematische Forschung konnte erst in den letzten Jahren erfolgen, etwa durch Outcome-Studien (z.T. publiziert, z.T. laufend) und zur Gerontopsychosomatik durch die Eldermen-Studie (HEUFT et al. 1995).

Entsprechend spiegeln die Beiträge dieses Bandes unsere derzeitige Arbeits- und Forschungssituation wider. Unverändert ist die Gruppe der in diesem Bereich Arbeitenden und Forschenden relativ gering – im gesamten deutschsprachigen Raum umfaßt sie maximal 20 Mitglieder.

Für diese unsere, mindestens um 20 Jahre zeitlich versetzte Entwicklung ist zunächst die Situation der Psychoanalyse selbst verantwortlich. Aufgrund der Emigration vieler deutschsprachiger Psychoanalytiker in die USA (1933–35) und ihrer Mitarbeit am psychotherapeutisch/psychiatrischen Versorgungssystem existierten dort Anfang der 60er Jahre bereits zahlreiche psychoanalytische Institute mit vielen Mitgliedern. Dagegen gab es in (West-)Deutschland und Österreich bis Anfang der 70er Jahre aufgrund des schwierigen Neubeginns nach dem zweiten Weltkrieg nur eine relativ geringe Zahl von vollausgebildeten Psychoanalytikern und Psychoanalytikerinnen. Sie interessierten sich verständlicherweise – begünstigt durch die eingeführte Kassenfinanzierung – zunächst für die psychotherapeutisch-psychosomatische Versorgung von Kindern und Jugendlichen sowie insbesondere von Erwachsenen zwischen dem 20. und 40./45. Jahr.

Auffallenderweise bestand jedoch besonders in Deutschland und Österreich in der allgemeinen und wissenschaftlichen Öffentlichkeit ein deutliches Desinteresse an allen den Altersbereich betreffenden Fragestellungen (belegbar durch die geringe Institutionalisierung von diesbezüglicher Lehre und Forschung sowie weitgehend fehlender Forschungsprogramme) und damit an einer qualitativen Hilfestellung für über 60jährige. Ganz im Gegensatz zu vielen anderen europäischen Ländern überwog jahrzehntelang das Modell der segregierten stationären Versorgung (durch Heime und insbesondere Altenpflegeheime) bei sich gleichzeitig deutlich verbessernder materieller Absicherung. Erst seit 10 bis 15 Jahren werden in nennenswertem Umfang ambulante Beratungs-, Hilfs-, Versorgungs- und Pflegedienste angeboten. Entsprechend zögernd entwickelte sich die Gerontopsychiatrie (gemessen an Lehre, Forschung, universitärer Institutionalisierung und Versorgungsrelevanz insbesondere im ambulanten Bereich). Ungeachtet dieser allmählichen Entwicklung besteht – wie mehrere Untersuchungen von 1988 bis heute belegen – unverändert kein psychotherapeutisch-psychosomatisches Behandlungsangebot für über 60jährige. Während der Anteil der behandlungsbedürftigen 45- bis 60jährigen fortlaufend und deutlich in Praxen und psychotherapeutisch psychosomatischen Kliniken ansteigt, liegt der Anteil der über 60jährigen – wenn überhaupt vorhanden – zwischen ein und maximal drei Prozent; über 70jährige werden nur noch vereinzelt zur Behandlung angenommen. Dazu erhalten diese Älteren wahrscheinlich ein verringertes Behandlungsangebot (bezüglich Intensität, Frequenz und Dauer).

Diese insgesamt verzögerte Entwicklung von Gerontologie, Geriatrie und Gerontopsychiatrie sowie Altenhilfe und Altenarbeit läßt zusätzliche – allerdings bis heute in Deutschland und Österreich kaum reflektierte – Gründe vermuten. Die bisherigen Jahrgänge Älterer (geboren bis 1920, höchstens bis 1925) waren und sind diejenigen, die aus der Sicht der nachfolgenden Generationen für das „Dritte Reich“ und seine schrecklichen Folgen verantwortlich sind. Eine andere Sichtweise (insbesondere in der gleichaltrigen, aber auch noch bei nachfolgenden Generationen vorhanden) sieht in ihnen die „Verlierer des Krieges“, die ihr Land nicht vor der Zerstörung bewahrten. Beide Sichtweisen führten zu massiven Vorwürfen, heftigen und haßerfüllten Anklagen an die Älteren sowie bitteren Enttäuschungen. Bekanntlich resultieren dann in Abwehr Desinteresse, Rückzug, Verweigerung und affektive Distanz. So wird meines Erachtens gut verständlich, warum diese Generationen der Älteren in Heimen (und damit entfernt von der Gesellschaft) segregiert wurden, ihnen parallel zur gesamtwirtschaftlichen Entwicklung und wohl auch aus Schuldgefühlen eine ausreichende bis befriedigende materielle Sicherheit gewährleistet, aber eine qualifizierte Versorgung vorenthalten wurde. Diese Annahme bestätigt unser völlig fehlendes psychotherapeutisches Behandlungsangebot – denn diese therapeutische Behandlung verlangt eine gefühlsmäßig intensive Beziehung. In den Phantasien Jüngerer repräsentieren die jetzigen Generationen der Älteren unverändert diejenigen, die für das Dritte Reich verantwortlich sind – nur mühsam begreifen sie, daß die heute 60jährigen die während des Krieges aufgewachsenen und häufig durch ihn geschädigten und beeinträchtigten Kinder verkörpern.

Weitere Gründe für den schwierigen Dialog

Trotz der dargestellten Fortschritte in Praxis und Theorie psychoanalytischer Sicht des Alterns und Altseins besteht auch in anderen Ländern – berücksichtigt man zusätzlich die Versorgungsangebote anderer psychotherapeutischer Schulrichtungen – kein abgestuftes differenziertes, quantitativ und damit versorgungsrelevantes psychotherapeutisches Behandlungsangebot für über 60jährige. Dabei wird das jetzt vorhandene Wissen bisher weder für die medizinische oder psychologische Ausbildung noch für die psychiatrischen oder für die psychotherapeutischen Weiterbildungen genutzt; unverändert besteht hier ein auffallendes Wissensdefizit. Unverändert auch beziehen sich die professionell Tätigen dabei – mehr oder weniger bewußt – auf die wenigen Aussagen von Freud.

So viele Thesen und Aussagen von Freud wurden im Laufe von fast 100 Jahren hinterfragt, modifiziert oder sogar verworfen; seine Aussagen über das Altern und insbesondere die Behandelbarkeit Älterer haben bis heute sowohl für die Psychoanalyse als interessanterweise auch mehr oder weniger bewußt für alle psychotherapeutischen Schulrichtungen Gesetzescharakter.[1] Offensichtlich müssen *weitere* (also hier vorbewußte bis unbewußte) *Gründe* für diese so ablehnende Einstellung verantwortlich sein (Radebold 1988, 1992a):

Bei der Behandlung von in Relation deutlich älteren und damit auch häufig chronologisch älteren Patienten begegnen die Behandler aufgrund der dadurch anfänglich „umgekehrten" Übertragungskonstellation unbewußt ihren Eltern und Großeltern und damit beunruhigenden, bedrohlichen, aber auch ebenso verführerischen Übertragungen und Ge-

---

1 Wie die Weiterbildungsrichtlinien der meisten psychoanalytischen Fachgesellschaften belegen, die – zumindest bis vor kurzem – von einer Altersgrenze von 40 Jahren ausgingen. Entsprechend introjizierten die zukünftigen Psychoanalytiker und Psychoanalytikerinnen quasi mit der „psychoanalytischen Muttermilch" unhinterfragt dieses Gebot, welches auch in keinem Seminar reflektiert wurde bzw. wird.

genübertragungen, die beispielsweise durch Nicht-Behandlung vermieden werden; dazu ist man als Jüngerer aufgrund seiner Ansichten über die eigenen Eltern von ihrer Rigidität und damit von der (therapeutischen) Unbeeinflußbarkeit Älterer überzeugt. Außerdem kann die Begegnung mit Älteren zusätzlich frühere eigene traumatische Erfahrungen reaktivieren. Gleichzeitig fordert sie dazu auf, sich den Vorstellungen über das eigene Altern und Alter zu stellen.

Gleichzeitig auch müssen sich Psychoanalytiker und Psychoanalytikerinnen mit ihren inneren – kulturgeschichtlich, historisch und sozial vermittelten und in der Regel unreflektierten – Vorstellungen und Leitbildern über Altern und Altsein auseinandersetzen (Radebold 1992a, 1996). Die biologische oder defizitorientierte Sicht setzte lange Zeit Altern mit einem unabänderlich fortschreitenden organischen beziehungsweise hirnorganischen Prozeß gleich; außer einer begleitenden und stützenden psychotherapeutischen Hilfestellung bestand somit keine Behandlungsmöglichkeit. Die damaligen psychoanalytischen Aussagen verstanden entsprechend Altern als involutiven Prozeß; so postulierte man etwa noch bis Anfang der 70er Jahre eine „Libidoinvolution“. In anderen psychoanalytischen Aussagen wird Altern als ein Abschnitt des höchsten Lebensalters (also nach dem 75. bis 80. Jahr) angesehen, der durch vielfältige Krankheiten und Beeinträchtigungen, Vereinsamung und die Aufgabe der Vorbereitung auf das Lebensende, also auf Sterben und Tod geprägt ist. Ein weiteres Modell sieht das Altern insgesamt als einen Lebensabschnitt des kontemplativen Rückzugs an, der in Abgeklärtheit (also jenseits aller libidinösen, aggressiven und narzißtischen Impulse) und Weisheit mündet. Auch diese Situationen bedingen wiederum keinen Behandlungsbedarf; im Gegenteil würden die Jüngeren wieder von den Älteren lernen können.

Offenbar fällt es Jüngeren schwer, über 50jährige als psychosexuell und psychosozial erprobte Erwachsene anzusehen, die die Abschnitte des mittleren, höheren und hohen Alters durchlaufen. Sie müssen sich daher mit unverändert bestehenden, zeitlosen, ungelösten pathologischen, innerpsychischen wie auch intra- und intergenerativen Konflikten auseinandersetzen und auf die vielfältigen Einflüsse des Alterns und Altseins reagieren. So ist es leichter, diesen Älteren aufgrund der eigenen Vorstellungen (und auch Wünsche!), Triebbedürfnisse und entsprechende Konflikte abzusprechen, und man reduziert auftretende Symptome auf einen ausschließlich organischen beziehungsweise hirnorganischen Ursprung.

Gleichzeitig vermeidet man als Professioneller dadurch gerade den die Situation des Alterns und Alters prägenden Einflüssen zu begegnen, so den vielfältigen Bedrohungen und Verlusten (an älteren, gleichaltrigen und jüngeren Beziehungspersonen, an Rolle, Status und sicherer Umwelt), den Veränderungen des Körpers sowie physischen und psychischen Krankheiten, der narzißtischen Kränkungen und den Beschämungen durch das Älterwerden und der Begrenztheit des Lebens durch Sterben und Tod. Diese Begegnung kann schon für Erwachsene zwischen 30 und 40 (also in der Assistenten- und Ausbildungssituation) bedrohlich sein; sie ist es aber erst recht für Behandler im mittleren und höheren Alter, die sich in der therapeutischen Situation nicht ständig und intensiv bei ihren gleichaltrigen oder älteren Patienten mit den problematischen, schwierigen, beunruhigenden und bedrohlichen Seiten des Älterwerdens befassen möchten.

Diese Gründe belegen meines Erachtens viel nachdrücklicher, warum von psychoanalytischer Seite die Behandlung Älterer und damit die Auseinandersetzung mit dem Thema Altern und Alter verweigert wird.

Die Situation der Älteren

Auch *Ältere selbst* erleben bisher große Schwierigkeiten, wenn sie mit einem psychoanalytischen Verstehenszugang und/oder einem entsprechenden Behandlungsangebot konfrontiert werden. Psychoanalyse, das heißt was sie bedeutet und was sie macht, stellt für die bisherigen Generationen Älterer weitgehend ein Fremdwort dar. Eher negativ besetzt, wird der Begriff (entsprechend der Haltung und den Aussagen des Dritten Reiches) mit „jüdischer Wissenschaft" und/oder mit Psychiatrie (also Verwahrung, Zwangsjacke, medikamentöser Ruhigstellung oder im schlimmsten Fall Euthanasie) gleichgesetzt.

Das Selbstbild vieler Älterer, insbesondere von Männern, stützte sich größtenteils auf die Annahme, das Leben bisher (mehr oder weniger gut) allein bewältigt zu haben und durch innere Abschottung, Vermeiden von Gefühlen sowie durch „Zähnezusammenbeißen" auch zukünftig mit Problemen und persönlichen Schwierigkeiten zurechtzukommen. Jetzt innerlich mit sich oder in Beziehungen nicht mehr klar zu kommen bedeutet, eine fast unerträgliche narzißtische Kränkung oder Beschämung zu erleben. Zudem können sich diese Älteren aufgrund ihrer früheren (wenn auch neurotischen) Lebenserfahrungen nicht vorstellen, daß sich „mit Reden" etwas ändern läßt.

Weiterhin konnten diese Generationen Älterer bisher auch nicht die Möglichkeiten einer psychotherapeutischen Behandlung nutzen. Als die diesbezügliche Krankenkassenregelung eingeführt wurde, waren die heute 65jährigen gerade 40; 40jährige wurden damals als „Ältere" schon kaum behandelt – von dem zunächst auf die Großstädte beschränkten Versorgungsangebot ganz zu schweigen. So fehlen ihnen hier Erfahrungen (Radebold 1994a; Radebold u. Schweizer 1996).

Schließlich trägt oft auch die private und professionelle Umwelt Älterer dazu bei, daß Behandlungsmöglichkeiten nicht gesehen und angenommen werden. Gleichaltrige Familienangehörige fühlen sich häufiger in ihrer Beziehung durch ein Behandlungsangebot bedroht. Jüngere raten relativ selten zu, da sie sich eben Veränderungen ihrer Eltern nicht vorstellen können. Hausärzte, aber auch Psychiater und Neurologen erkennen vorliegende eindeutige Krankheitsbilder nicht; sie „wissen" seit ihrer Aus- und Fortbildung um die Unbehandelbarkeit Älterer und können sich in Identifizierung mit ihren Alterspatienten eine Therapie kaum vorstellen; so raten sie öfter ab.

Für welche Bereiche der Psychoanalyse ist der begonnene Dialog sinnvoll, fruchtbar und notwendig?

Die systematische Begegnung mit Älteren (d.h. mit erkrankten und mit gesunden Älteren!) verhilft der Psychoanalyse eindeutig zu einem besseren Zugang zu der Bedeutung der während des ganzen Lebenszyklus ablaufenden Entwicklung sowohl entlang unterschiedlicher Linien oder auf unterschiedlichen Feldern als auch in ihren gesunden und gestörten Ausprägungen. Zusätzlich wird uns ermöglicht, viele unserer Konzepte – von deren dauerhaften Gültigkeit während des gesamten Lebensablaufes wir bisher überzeugt sind – hier genauer zu überprüfen, so bezüglich unserer psychodynamischen Gesetzmäßigkeiten, des Fortbestehens libidinöser, aggressiver und narzißtischer Impulse sowie der Zeitlosigkeit des Unbewußten. Weiterhin müssen im Sinne von „Organisatoren" (Heuft 1994) die spezifischen Bedingungs- und Einwirkungsfaktoren für das Altern besser erforscht werden. Ebenso bedürfen wir differenzierterer Krankheitskonzepte, so zum Beispiel für die unterschiedlichen depressiven Syndrome in den verschiedenen Abschnitten des Alterns. Auch wurden die Behandlungsmöglichkeiten über 70jähriger (insbesondere bei gegebener Multimorbidität) kaum erforscht. Nur langfristige Psychoanalysen (Radebold u. Schweizer 1996) – bisher ebenfalls weitgehend fehlend – erlauben uns besseren Zugang zu ganz eindeutig unverändert ablaufenden (unbewußten) Entwicklungs- und Veränderungsprozessen. Wie verändert sich das Selbstbild? Wie beeinflußt die zunehmende Begrenztheit des Lebens die innerpsychische Auseinandersetzung mit den allmählich auftretenden und stärker werdenden physiologischen Altersveränderungen? Und wie geschieht die notwendige Adaptation? Schließlich haben wir uns bisher im Sinne einer psychoanalytischen Gerontopsychosomatik kaum mit psychodynamischen Aspekten von erstmals im Alter auftretenden Krankheiten befaßt (z.B. der Demenz).

Die Beschäftigung mit Altersfragen würde es der Psychoanalyse spät – aber noch nicht zu spät – erlauben, sich angesichts der demographischen Veränderungen verstärkt an immer wichtiger werdenden Forschungsfragestellungen zu beteiligen und parallel zu einer allgemeinpsychologischen, einer geriatrischen, einer psychiatrischen, psychosomatischen oder einer sozialwissenschaftlichen Interpretation eine eindeutig psychoanalytische Auffassung zu formulieren und nachdrücklich einzubringen. Diese Aufgabe erfordert eine mehrdimensionale Sichtweise, das heißt die Einbeziehung anderer Wissensdisziplinen und den Dialog mit ihnen. Damit müßten wir unsere Zurückhaltung gegenüber der allgemeinen Scientific Community aufgeben, die ich schon manchmal als selbstgewählte Isolierung ansehe. Immer wieder fiel mir bei der Sichtung psychoanalytischer Literatur zum Thema Altern und Alter auf, wie wenig Befunde anderer Wissensdisziplinen überhaupt zur Kenntnis genommen beziehungsweise einbezogen wurden. Hierbei ist daran zu erinnern, daß die meistens gerontologischen, geriatrischen, gerontopsychiatrischen Forschungen – insbesondere auch Längsschnittstudien – ohne die Einbeziehung psychoanalytischer Fragestellungen, geschweige denn psychoanalytischer Mitarbeit, durchgeführt wurden. Bestimmt wollte man oft die psychoanalytische Sichtweise nicht; aber nach meinem Eindruck wurde oft auch von psychoanalytischer Seite kein Interesse signalisiert.

Schließlich würde uns der psychoanalytische Zugang auch endlich ermöglichen, unserem für alle Altersgruppen bestehenden psychotherapeutischen Behandlungsauftrag, also auch für über 50- bis 60jährige, gerecht zu werden (Radebold 1994a).

In welchen Bereichen könnten Ältere von einer psychoanalytischen Sicht profitieren?

Noch immer erleben sich viele über 60jährige, spätestens jedoch über 70jährige – gefördert durch allgemeine, aber auch wissenschaftliche Annahmen – nicht mehr als Erwachsene, die älter werden. Nicht zufällig sprechen

Öffentlichkeit und Wissenschaft von Erwachsenen und von Älteren, so als ob ältere oder alte Menschen nicht mehr Erwachsene sind. Was sind sie dann? Sind sie mehr durch organische und hirnorganische Veränderungen und Krankheiten charakterisierte Post-Erwachsene? Das Bild von psychosexuell und psychosozial erfahrenen Erwachsenen, die unter den spezifischen Bedingungen des Älterwerdens unverändert vor Entwicklungsaufgaben stehen und für die die gleichen psychodynamischen Gesetzmäßigkeiten wie früher gelten, könnte allmählich ein anderes (Selbst)Bild des Alterns vermitteln.

Dieses würde auch zu einer höheren Akzeptanz von psychoanalytisch begründeten Behandlungsangeboten führen. Ganz offensichtlich besteht entsprechender Bedarf.

Die epidemiologischen Untersuchungen zur Häufigkeit der psychischen Krankheiten gehen von einer Rate von 10,2 bis 10,8 Prozent an neurotischen, psychosomatischen Erkrankungen einschließlich der Charakterstörungen bei über 65jährigen aus, wobei in etwa sieben Prozent (langfristig zwei Prozent, kurzfristig/beratend fünf Prozent) eine psychotherapeutische Behandlungsindikation gesehen wird (Radebold 1992a).

Entwicklungschancen für die Psychoanalytiker selbst?

Bisher habe ich von dem notwendigen Dialog zwischen Psychoanalyse und Altern gesprochen. Diese Psychoanalyse wird aber vertreten durch Psychoanalytiker und Psychoanalytikerinnen, die selbst auch allmählich älter werden – gerade jetzt aufgrund der früheren hohen Zulassungszahlen zur Weiterbildung in großem Umfang. Eine selbstverständliche Behandlung Erwachsener vom 20. bis zum 80. (oder sogar 90.) Lebensjahr würde uns gestatten, an Entwicklungen in gesunden und gestörten Bereichen während des gesamten Lebenszyklus teilzuhaben, um sie dann in unsere eigene Sicht einzubeziehen. Wir würden persönlich dadurch die Chance erhalten, uns frühzeitig und immer wieder mit Bedrohungen und Verlusten, Kränkungen, aber auch neuen Entwicklungs- und Lebensmöglichkeiten auseinanderzusetzen mit der ständigen Aufgabe, unsere eigenen Lebensentwürfe auch bezüglich des Alterns zu überprüfen und zu verändern. Welche Bilder vermitteln wir unseren jüngeren Patienten aufgrund unseres unhinterfragten Selbstbildes als älter werdende Frau oder älter werdender Mann, die von der Erwartung ausgehen, praktisch bis zum Lebensende zu behandeln (Hinze 1996; Schlesinger-Kipp 1995)? Worauf weisen wir hin, wenn wir nur die Lebensabschnitte vom 20. bis 45. oder 50. Jahr als wichtig ansehen? Offenbar sind wir davon überzeugt, daß nur für diese Altersgruppe große, weitreichende und lang anhaltende Entwicklungsmöglichkeiten bestehen und danach nicht mehr. Diese Ansicht tragen wir in uns, vermitteln sie so unseren Patienten und damit auch der allgemeinen Öffentlichkeit. Damit leugnen wir gleichzeitig Behandlungs- und Entwicklungsmöglichkeiten von Erwachsenen in der dritten und vierten Lebensphase (also auch für uns!); immerhin haben heute über 50jährige Frauen eine Lebenserwartung von über 30 Jahren und über 50jährige Männer eine von über 27 Jahren.

Letztendlich ermöglichen die sich bei uns in Behandlung befindlichen Älteren einen Zugang zu unserer Geschichte. Wir können und wir müssen – wenn wir ihnen begegnen – unsere eigene persönliche Geschichte im Vergleich wiederbeleben, uns erneut mit ihr (manchmal im Rahmen einer fortgeführten Selbstanalyse) auseinandersetzen und weiter klären. Gleichzeitig erhielten wir einen umfassenderen Zugang zu unserer allgemeinen (Alltags)Geschichte der Nachkriegszeit. Oft erscheint diese – vermutlich aus Gründen der Abwehr – seltsam farblos und ohne Konturen. So wiederbelebt, besteht die Chance einer lebendigeren und vertieften Sicht.

Der bisher erst von wenigen Mitgliedern unserer Berufsgruppe begonnene Dialog bietet eine große Chance sowohl für die Weiterentwicklung unserer Wissenschaft als auch für die jetzigen und zukünftigen Generationen Alternder als auch für uns Psychoanalytiker und Psychoanalytikerinnen selbst. Es wäre schlimm, wenn wir diese Chance jetzt nicht nutzten und so lange warteten, bis uns das sinkende Einkommen aus unserer Praxistätigkeit aufgrund geringerer Nachfrage der 20- bis 50- und 60jährigen trotz unserer beschriebenen Widerstände zwingt, auch über 60jährige als Patienten anzunehmen. Bisher mußten wir uns verteidigen, warum wir überhaupt Ältere in Behandlung nehmen. Jetzt ist es Zeit, unsere Kolleginnen und Kollegen zu fragen, warum sie nicht parallel zu Jugendlichen und Erwachsenen vom 20. bis zum 45. Lebensjahr selbstverständlich auch Erwachsene vom 50. bis mindestens zum 70. oder 75. Jahr behandeln.

Literatur

Greenspan, St.; Pollock, G. (Hg.; 1981): Adulthood and the aging process. The course of life, Vol. IV. National Institute of Health, Maryland.

Heuft, G. (1994): Persönlichkeitsentwicklung im Alter – ein psychoanalytisches Entwicklungsparadigma, Z. Geront. 27: 116–121.

Heuft, G., Kruse, A.; Nehen, H.G.; Radebold, H. (Hg.) (1995): Interdisziplinäre Gerontopsychosomatik, Geriatrie Praxis. MMV Medizin-Verlag, München.

Heuft, G., Kruse, A.; Lohmann, R.; Senf, W. (1995): Psychosomatische Aspekte des Schmerzerlebens im Alter – Ergebnisse aus der Eldermen-Studie. Z. Geront. Geriat. 28:349–357.

Hinze, E. (Hg.; 1996): Männliche Identität und Altern, psychosozial, Schwerpunktheft IV/96. Psychosozial-Verlag, Gießen.

Hirsch, R.D. (1993): Balintgruppe und Supervision in der Altenarbeit. Reinhardt, München/Basel.

Junkers, G. (1995): Klinische Psychologie und Psychosomatik des Alterns. Schattauer, Stuttgart/New York

Kemper, J. (1990): Alternde und ihre jüngeren Helfer. Reinhardt, München/Basel.

Kipp, J.; Jüngling, G. (1991): Eine Einführung in die praktische Gerontopsychiatrie. Verstehender Umgang mit alten Menschen. Springer, Berlin/Heidelberg.

Pollock, G.H., Greenspan, St. (1993): Late Adulthood, Vol. IV, The Course of life. Intern. Univ. Press, Madison.

Pollock, G.; Greenspan, St. (Hg.; 1996): The aging process, The course of life, Vol. VII. Intern. Univ. Press, Madison

Radebold, H. (1988): Warum behandeln wir als Psychoanalytiker keine Älteren?, psychosozial 11, 44–53.

Radebold, H. (1989): Psychotherapie. In: Kisker, K.P.; Meyer, H.; Müller, J.E.; Strömgren, C.H. (Hg.): Psychiatrie der Gegenwart, 3. Aufl., Bd. 8, Alterspsychiatrie. Springer, Berlin/Heidelberg, S. 313–396.

Radebold, H. (1992a): Psychodynamische Sicht und Psychotherapie Älterer. Springer, Berlin/Heidelberg.

Radebold, H. (1992b): Psychoanalyse und Altern. Kasseler Gerontologische Schriften 14, Kassel, Gesamthochschulbibliothek.

Radebold, H. (1994a): Derzeitige Situation der Psychotherapie Älterer in der Bundesrepublik Deutschland. In: Radebold, H.; Hirsch, R.D. (Hg.; 1994): Altern und Psychotherapie. Huber, Bern.

Radebold, H. (1994b): Freuds Ansichten über die Behandelbarkeit Älterer. Z. psychoanal. Theorie und Praxis 9: 247–259.

Radebold, H. (1996): Psychosomatische Sicht Alternder. In: v. Uexküll, Th. (Hg.), Psychosomatische Medizin, 5. neubearb. Aufl., Urban & Schwarzenberg, München, S. 1162–1182.

Radebold, H.; Schweizer, R. (1996): Der mühselige Aufbruch. Psychoanalyse im Alter. Fischer, Reihe „Geist und Psyche“, Frankfurt am Main.

Schlesinger-Kipp, G. (Hg.) (1995): Weibliche Identität und Altern, psychosozial, Schwerpunktheft II/95. Psychosozial-Verlag, Gießen.

Teising, M. (1992): Alt und lebensmüde – Suizidneigung bei älteren Menschen. Reinhardt, München/Basel.

Leopold Rosenmayr

Psychoanalyse und Alterns-forschung

Summary: Psychoanalysis and Aging Research

The paper analyses the relationship between psychoanalysis (as therapy and as theory) and psycho-sociological aging research. It shows that the mainstream of social science in the field of aging produces cumulating empiricism but lacks theory whereas psychoanalysis offers a variety of theoretical propositions much less convincingly grounded in communicable scientific experience. Generalizations from social psychiatry are used to demonstrate how the gap between aging research and psychoanalysis may be bridged.

From the point of view of the sociology of aging, life-goal-orientations play a major role in the shaping of decisions and activities in later life. Goals however are emphasized only in Adlerian, not in Freudian thought. Aging research necessitates a broad spectrum of motivation going beyond the classical psychoanalytical focusing on „Trieb“ (impulse, urge).

A closer cooperation and mutual fertilization of psychoanalysis and aging research needs autocriticism on both sides and the loosening of the insistance on the relative irreversibility of early childhood patterning.

A multitude of learning careers of different length and intensities is responsible for late life dispositions for action and change in attitudes and behavior. Such careers become more and more independent of classical life phases. Earlier assumptions and theoretical constructs of a continued „identiy“ seem less and less convincing.

The mainstream of psycho-sociological aging research for purposes of a certain optimization of aging has created recommendations of a clearly predominant rational behavior. This includes measures to strengthen resilience, to develop calculated selection, substitution and compensation. Sociopsychiatric counseling derived from psychoanalysis advocates somehow different orientations. The psychoanalytic view places creativity and innovation in the foreground.

Wenn ich eine Aussage über das Verhältnis zwischen Psychoanalyse und Alternsforschung treffen soll, muß ich zuerst fragen: „*Welche* Psychoanalyse, *welche* Alternsforschung sollen miteinander in Beziehung gesetzt werden?" Dabei ist die Frage nach der Alternsforschung zunächst die leichtere; denn sie ist begrenzbar, ich kann sie hier zum Beispiel auf die psychologische und soziologische Alternsforschung einschränken.

Ein wichtiger Unterschied liegt auch darin, daß sich die heutige psychologische und soziologische Alternsforschung überwiegend auf experimentelle und empirische Designs stützt. Das führt in der Alternsforschung zu einem völlig anderen Verhältnis zwischen Theorie und Anwendung, als dies bei der Psychoanalyse der Fall ist.

Neuerdings aber kommen mehr und mehr Bedürfnisse nach einer Gerontologie auf, in der wissenschaftliche Vergleiche über gesellschaftliche Macht und Position des höheren Alters in verschiedenen Kulturen sowie Untersuchungen über Weisheit im späten Leben und dergleichen angestellt werden. Zu experimentellen und empirischen Forschungen treten in der Sozialgerontologie historische, ethnologische, biographische und kulturanalytische Methoden hinzu, die sich von den empirischen der Feldforschung soziologischer Art stark unterscheiden (Jüttemann 1995, S. 41). Manche unter ihnen nehmen einen Interpretationscharakter an, wie er in den Diskussionen um psychoanalytische Theorien eine Rolle spielt. Während die Psychoanalyse durch Schößlinge, die deutlich von ihr entfernt sprießen, in den pluralistischen Therapiemarkt gerät und die Unsicherheiten über ihre theoretischen Grundlagen zunehmen, verlangt die human- und sozialwissenschaftliche Alternsforschung, wo sie nicht durch engere Fragestellungen oder Praxisrelevanz in gewohnten Bahnen bleibt, auf Grund einer gewissen Phantasie- und Theoriearmut nach einer Erweiterung ihrer Fundierung. Dies drängt sie zu verschiedenen Formen historischer und kulturwissenschaftlicher Hermeneutik.

Lebensentwurf und Lebenslauf in der Sicht der Sozialgerontologie

Die psycho-soziologische Alternsforschung, die man oft mit Recht unter den Dachbegriff der Sozialgerontologie stellt, hat in den letzten beiden Jahrzehnten zu einer Reihe genereller Aussagen geführt. Beispiele dafür sind: Es gibt relativ große Leistungsreserven kognitiver und körperlicher Art im späten Leben, viel mehr „Spannkraft" als Alltagsvorstellungen beispielsweise über leichte Ermüdbarkeit im Alter vermitteln. Wir finden Plastizität und hohe Grade emotionaler Adaptivität auch bei über 60jährigen. Allerdings kostet dies Anstrengung: „Ein immer größerer Anteil der Ressourcen muß in die Beibehaltung der Funktionstüchtigkeit, in Resilienz und Widerstandsfähigkeit investiert werden" (Baltes 1996, S. 51). Altern ist also als Aufgabe zu sehen.

Hier zeigt sich schon, daß es sich empfiehlt, in der Sozialgerontologie mit zwei Begriffen zu arbeiten: mit dem Begriff des „*Alterns*" einerseits und dem Begriff einer „auf Ziele orientierten *Entwicklung*", samt Plänen und Handlungen, andererseits. Natürlich schließen solche Vorstellungen an weit zurückreichende Gedankenlinien der europäischen Philosophie an, daß nämlich Selbstsorge und gezielte Lebensführung, wie sie dem Menschen gemäß seien, *Handlungen* enthalten, die dazu den generell „*richtigen Plan*" voraussetzen. So etwa argumentiert Aristoteles im 9. Buch seiner Nikomachischen Ethik. Für die nach heutiger Terminologie „protektive Selbsttransformation", die Entwicklung psychologischer Widerstandsfähigkeit, die Nachreifung in intimen und affektiv bedeutsamen Beziehungen, wie zu Lebenspartnern, Kindern und Eltern, und auch für den Umgang mit Verlusten und Kränkungen beim Ausscheiden aus Berufs- und Bedeutungs-Positionen im späten Leben bedarf es der „Adaptivität des Selbstsystems". Die aber ist nur unter Einschluß von Plänen und Handlungen zu gewinnen. Hier zeigt sich die enorme Bedeutung von Zielvorgaben im Alternsprozeß.

Die im engeren Sinn soziologische Perspektive in der Gerontologie untersucht und deutet Altern und Lebensentwicklung auch „relational", das heißt beziehungstheoretisch, indem sie Fragen des Alterns in das Verhältnis der verschiedenen Generationen einer Gesellschaft zueinander in die Untersuchung einbezieht. Dabei geht es sowohl um die Generationen in der Familie als auch um die Kontrahentengenerationen in der Gesellschaft (Rosenmayr 1996).

Schließlich sei noch die Symbolbildung und die gesellschaftliche Wertung der Lebensalter als Thematik der Sozialgerontologie benannt. Sie reicht von den (durch Freud in „Totem und Tabu" ins Blickfeld gerückten) Strukturen stammesgesellschaftlicher Verhältnisse bis zu den Individualisierungs- und Singularisierungs-Problemen der Gegenwart, wie sie in der neuesten Soziologie angesprochen werden.

Für das Verständnis der verschiedenen Verläufe von Altern ist es von großer Wichtigkeit, daß informelle oder organisierte Angebote und Chancen gesundheitlicher, bildungsmäßiger und sozialer Art vor dem Hintergrund sich wandelnder soziologischer und wirtschaftlicher Gegebenheiten gesehen werden. Zunehmend erkennen wir, daß Lebensziele und Lebensstile der Älteren nach Schulbildung, Mobilität und Medienkontakt variieren, nicht nur nach verfügbaren ökonomischen Ressourcen und Sozialschicht.

Die Empirie, die soziologische wie die historische, zeigt dagegen, daß sich schicht- und milieuspezifische sowie kulturimmanente Verlaufsformen von Lebensabschnitten herausarbeiten lassen. Einflußbedingungen kumulierender sozialer Benachteiligung, die sich in geringem Einkommen oder niedriger Bildung ausdrücken, sind sowohl in der Jugend als auch in Alternsprozessen des späteren Lebens als Reduktion von Chancen und als Verkürzung von Lebensphasen, ja Lebenserwartung festzustellen.

In diesem Zusammenhang scheint auch eine Revision des Generationenbegriffs dringlich. Dieser Begriff war lange Zeit weitgehend von den Ideen SIEGFRIED BERNFELDS und KARL MANNHEIMS geprägt. Inspiriert von der Psychoanalyse, ihre FREUDsche Konzeption aber bereits modifizierend, arbeitete BERNFELD heraus, daß eine besondere Plastizität und Empfänglichkeit für Werte auch in der Periode nach der Kindheit, nämlich in der Jugend, vorliege. In dieser Jugend-Phase würden Grundhaltungen ausgebildet, die dann ein Leben lang bestimmend bleiben. MANNHEIM vertrat die Idee, daß es für eine jeweils neue junge Generation auch einen neuen Zugang zur Kultur gebe. Die zur jeweiligen Zeit aktuellen Elemente einer Kultur würden besonders von der Jugend aufgegriffen, verstärkt, von ihr internalisiert und bis zu deren *Lebensende* beibehalten. Demgegenüber müssen wir sagen: Werte, die einmal in der Jugend aufgegriffen wurden, bleiben heute nicht mehr lebenslang integriert und wirksam. Das in der Jugend übernommene Wertvermächtnis kommt nur teilweise zur Realisierung. Aufgrund der Langfrist-Untersuchungen von GLEN ELDER gibt es nachweislich keine generelle Homogenität in der Realisierung von Wertvermächtnissen, die aus der Jugend stammen. Der Mensch ist entweder kreativer oder flexibler oder unverläßlicher und sich selbst weniger treu, gleichsam ein psychologischer „Wechselwähler". Das Altern wird dadurch aber auch offener, vor allem wenn es bewußt gestaltet wird.

Welche Psychoanalyse eignet sich als Partnerin der Sozialgerontologie?

Ich will nun das Bild einer Psychoanalyse skizzieren, die ich als Kontrahentin der Alternsforschung wahrnehmen kann. Ich beginne mit einem allgemeinen Überblick.

Erstens sehe ich Psychoanalyse als eine hinsichtlich Hauptmerkmalen (wie Dauer, „Abstinenz", Motivationstheorie usw.) selbst intern nicht unumstrittene *therapeutische Schule.*

Zweitens läßt sich Psychoanalyse als eine *aufdeckende Basistheorie* menschlicher Motivation bestimmen.

Drittens findet sich psychoanalytisches Gedankengut durch dessen Rezeption in der *Sozialpsychiatrie* als psycho-hygienische Gesellschaftskritik und in Form von Vorschlägen für soziale Maßnahmen und Gesetze.

Viertens kann man Psychoanalyse als eine Art *geistiger Bewegung* sehen, welche Interpretationen von Kultur (z.B. in der Ethno-Psychoanalyse) und Deutungen von Gesellschaft und Macht vornimmt.

In der frühen Psychoanalyse hat sich der eben genannte Siegfried Bernfeld mit der Bedeutung von Lebensentwürfen für die Persönlichkeitsentwicklung befaßt. Für das Studium des Lebensentwurfs ist nach Alfred Adler eine „Lebensleitlinie mit fiktiven Zielen überreicher Befriedigung" (Adler 1920, S. 63) von Bedeutung. Durch die Thematisierung der *Lebensleitlinie* treten einerseits Idealisierungen, Pläne und Wunschdenken sowie andererseits Pflichten, Aufgaben und Lösungsstrategien der Persönlichkeit ins Licht. Von der „Lebensleitlinie" aus konstituiert und wandelt sich das Selbstbild. Aus ihr heraus können auch die spezifischen moralischen und sozialen Ressourcen des Subjekts gedeutet werden. Alfred Adler faßte die Lebensleitlinie als „Richtung" für Grundtendenzen des „Selbsterhaltungstriebes" auf. Der Mensch kann Sicherheit nur gewinnen – die direkte Triebbefriedigung vermag das nicht –, wenn aus seinen Erfahrungen, aus dem „objektiv wirkenden System" sich Schritt für Schritt ein „subjektiv arbeitendes", richtungsgeleitetes Wollen, eine „sichernde Richtungslinie“ herausbildet. Diese Richtungs- oder Lebensleitlinie spornt einerseits die Phantasie an und orientiert sich andererseits an dieser (Adler 1920, S. 34 und 18).

Die Grundstruktur der Persönlichkeit bildet sich sowohl nach Freud als auch nach Adler als Reaktion auf die frühkindlich im Bezug zu Erwachsenen und durch Konfrontation mit diesen heraus. Freud hatte die – aus dem Erlebnis der Machtlosigkeit resultierende – *Identifizierung* des Kindes mit dem gleichgeschlechtlichen Elternteil als die, wenn auch erst nach Ablehnungen („ödipale Phase“) erfolgende Konstituierung der Persönlichkeit konzipiert. In diese Identifizierung werden spätere wichtige Vorbilder, Lehrer und Freunde aufgenommen. Nach Alfred Adler erfolgt die Herausbildung der Identifikations-Matrix aus der unbewußten Wahrnehmung der eigenen Schwäche und der übersteigernden *Kompensation* derselben. Anders als bei Freud, bei dem Identifizierung als eine Art „Prägung“ (Konrad Lorenz) angesehen werden kann, die das Subjekt immer wieder auf die Ausgangsfigur seiner Konstituierung zurückholt oder diese, wie Erik Erikson beschreibt, durch „Identitätsbildung“ ergänzt und modifiziert, konzipiert Adler die Herausbildung einer profilierten Bereitschaft, auf bestimmte *Herausforderung*en in bestimmter Weise jeweils einzugehen. Diese prospektive oder finale Konzeption Adlers, die auf dem biologischen Überlebenssystem und -streben des Menschen beruht, erklärt tiefenpsychologisch-motivationstheoretisch das, was die Gerontologen Robert Havighurst oder Hans Thomae als die in verschiedenen Lebensphasen sich stellenden „developmental tasks“ oder „Entwicklungsaufgaben“ annahmen. Die Alternsforschung kann auf eine solche Entwicklungskonzeption und damit zielorientierte Aufgabenstellungen im Rahmen einer „finalen“ Sicht der Persönlichkeit, aus der sich auch Elemente einer Motivationstheorie für das Verhalten dem Altern gegenüber ableiten lassen, nicht verzichten.

Ich will jedoch das Profil meines Psychoanalyse-Bildes noch verdeutlichen, dadurch auch einengen und der Sozialgerontologie annähern. Dazu möchte ich mich auf Positionen des Sozialpsychiaters Hans Strotzka beziehen. Ich fasse diese in sechs Punkten zusammen, samt einigen meiner eigenen Überlegungen.

1. „Die Psychoanalyse schreibt dem Menschen weniger Freiheit zu, als er bisher zu haben glaubte, macht aber mehr Freiheit möglich, als es der Fall war" (Strotzka 1983, S. 50). Die Ermöglichung von „später Freiheit" (Rosenmayr 1983) ist als Voraussetzung für die Gestaltung des Alterns von entscheidender Bedeutung. Sie entspricht der von mir einleitend eingeführten Vorstellung zielgerichteter, teilweise planhafter Entwicklung. Freiheit passiert nicht einfach, sie muß erworben, erkämpft, mit sich und anderen ausgehandelt werden.

2. „Die Wahrheit des Menschen über sich selbst betrachtet die Psychoanalyse als ihren höchsten Wert" (Strotzka 1983, S. 16). Solche Wahrheit kann, so die gerontologische Folgerung, neben einer Verschärfung von Selbstkritik, mehr Toleranz sich selbst gegenüber – in psychoanalytischer Sprache: „Über-Ich-Reduktion" – und dadurch auch mehr Nachsicht, Verständnis und anderen Menschen sich zuwendende „Güte" im Alter ermöglichen.

3. Folgt man Strotzka, so kommt man zu einer Sicht, die sich in psychoanalytischer Sprache etwa so zusammenfassen läßt: Es gibt lebenslange Prozesse, mit deren Hilfe die angsterregende Wahrheit über sich verdeckt und verleugnet wird. Diese Verdeckung erklärt sich daraus, daß, ganz in der Freudschen Terminologie formuliert, das „Ich-Ideal mit narzißtischer Libido besetzt wird" und sich so, auf der Basis dieses Ich-Ideals, „die Vorstellung eines Selbst ohne die Schwächen des realen Selbst" (Strotzka 1983, S. 47) entwickelt. Solcherlei oft unangenehmen Einsichten in die „Truggestalt von sich selbst", wie ich sie nennen möchte, scheinen mir besonders wichtig. Denn die Sozialgerontologie gerät durch ihre berechtigte und oben bereits begründete Berücksichtigung der Bedeutung von Zielsetzungen, Plänen und finalem Handeln im späten Leben in Gefahr, eine (tiefenpsychologisch *vielleicht* erkennbare) subjektive Selbsttäuschung gar nicht wahrzunehmen.

4. Psychoanalytische Aufgabe sei es, mit „geduldigem Bemühen Motive und Ziele *bewußt* zu machen", schrieb STROTZKA 1983 (Hervorhebung durch L. R.). Ziele lassen sich unter Umständen aus (bei jedem Menschen in verschiedener Weise auftretenden) „Ängsten und ungelösten Konflikten" erklären (STROTZKA 1983, S. 39). Der Mensch soll nach dem inneren Auftrag der Psychoanalyse erkennen, was seinem Bewußtsein entzogen ist.

5. Natürlich muß bei dieser – wie ich sie nennen möchte – „Arbeit hinter dem eigenen Rücken" ein entscheidender Fehler vermieden werden. Er kann dadurch entstehen, daß aus dem Lehrgebäude der Psychoanalyse entnommene Muster als Pseudo-Entdeckungen innerhalb des Analytiker-Analysanden-Bündnisses zu individuell angewandten Erklärungen mit Validitätsanspruch werden. Während die experimentellen und empirischen Verfahren gerontologischer Forschung relativ überzeugende Kontrollmechanismen hinsichtlich Validität und Reliabilität aufweisen, fehlt es in der Hermeneutik der Psychoanalyse an solchen vergleichbaren Instanzen. Der Kritiker und Kontrolleur hinter dem eigenen Rücken – wer kontrolliert diesen?

6. Die Sozialgerontologie schlägt in ihrem Mainstream vernunftbetonte Strategien im Sinne abwägenden Verhaltens zur Gestaltung späten Lebens vor. Das trifft für Ernährung und Bewegung, aber auch für Kräfte aufbauendes Üben und Trainieren kognitiver Funktionen zu, teils auch für Sozialverhalten. HANS STROTZKA verwirft eine solche vernunftgeleitete abwägende Lebensführung nicht grundsätzlich. Aber er sinnt dieser rationalen Lebensführung den Einschluß eines bejahenden, freundlichen Verhältnisses zur eigenen Irrationalität an, eine „Regression im Dienste des Ich". Irrationalität als Voraussetzung für kreative Leistungen lasse konstruktive Phantasien blühen, „die eine Hoffnung auf neue Problemlösungen gestatten" (STROTZKA 1983, S. 128).

STROTZKA relativiert die ihm grundsätzlich berechtigt erscheinende Rationalität der Selbstkontrolle in Ernährung und Genußmittelkonsum, indem er die Gefahren einer starken Zurückdrängung von Lust für die Phantasie erkennt. Ein durch und durch – und sei es für bejahenswerte Ziele – kontrolliertes Leben führe zur Sterilität, töte die sowohl für die Moral als auch für das innovative Lernen nötige Kreativität. Strotzka entwickelte aus seiner psychoanalytischen Therapie-Erfahrung und seinem langjährigen gesellschaftspolitischen Engagement als Sozialpsychiater eine „Alltagsethik", aus der ich hier einige Anregungen darstellte. In dieser Alltagsethik sehe ich Ausgangspunkte für einen Brückenschlag von der durch Therapie-Erfahrung und Sozialpsychiatrie revidierten Psychoanalyse zur Alternsforschung. In Strotzkas Sprache wird gegenüber einem rationalen Humanismus, der sich für die Problemlösung als zu schwach erweise, ein Kompromiß zwischen Triebansprüchen, Realitätsforderungen und Über-Ich-Verboten empfohlen: Denn wir „können offenbar nicht leben, wenn wir der Irrationalität nicht einen gewissen Spielraum lassen" (Strotzka 1983, S. 158).

Beispiele für Konvergenzen in der Erforschung der Alterssexualität

Aus der Psychotherapie mit älteren Menschen berichtet Hartmut Radebold, daß ältere Patienten den Therapeuten zur Aufhebung von Verboten drängen. Aufgrund ihrer lebenslang fixierten Normbindungen können ältere Menschen oft nicht gegen die in ihnen selbst aufgebauten Erwartungen und Normen handeln (Radebold 1992, S. 3). So verlangen die Patienten vom Therapeuten, den sie als Vertreter von Gegennormen beanspruchen, daß er ihnen den „Normenwechsel" ermögliche. Dabei wird deutlich, daß dort, wo einengende und verbietende Erwartungen dann in der Tat überwunden werden, ein Öffnen oder auch Ermöglichen von Sexualität sich nicht sofort durchsetzt.

Sexualität läßt sich im späten Leben leichter abschieben, weil es – nicht zuletzt generationenspezifisch – bei den heute über 65- beziehungsweise 70jährigen schon viele festgelegte defensive Strategien der Persönlichkeit gegen die Selbstexposition durch Geschlechtlichkeit gibt. Zu solchen defensiven

Strategien kann man beispielsweise die Überinvestition von Energie in Arbeit zählen. Arbeit bietet durch die mit ihr verbundenen Anerkennungen von Leistung Ersatz für sexuelle Befriedigungen. An die Stelle der Arbeit können auch Geschäftigkeiten aller möglichen Art wie Vielfach-Reisen oder Sammeln treten. Vieles, das Prestige oder Macht verleiht, nicht nur Geld, kann zur Ersatzbefriedigung und zur Ausflucht, zum Mittel der Abschiebung körperlich gelebter Sexualität werden.

Läßt sich eine allgemeine Einsicht in Grundtendenzen der Sexualität im Alter formulieren? FREUD stellte ein wichtiges Paradoxon heraus. Er charakterisierte das Abwechslungsbedürfnis in der Sexualität so: „Ein im Leben wichtiger Charakter ist die Beweglichkeit der Libido, die Leichtigkeit, mit der sie von einem Objekt auf andere Objekte übergeht." Um einen anderen, geradezu konträren, „festhaltenden" Charakter der Libido zu betonen, ergänzte FREUD: „Im Gegensatz hierzu steht die Fixierung der Libido an bestimmte Objekte, die oft durchs Leben anhält" (FREUD 1938, S. 13).

Auch im alternden Eros sind, je nach Persönlichkeit verschieden, beide Tendenzen, die *bewegliche* und die *fixierende,* vorhanden. Der Mensch steht vor der Alternative, entweder bei steigendem Risiko der Lust der Abwechslung zu frönen oder sich unter dem Druck absehbar gewordener Endlichkeit eher für Abwechslungsverzicht und für eindeutige Festlegung zu entscheiden. Dies bedeutet, sich stärker preiszugeben und zu binden, bei einem schon eingegangenen „Attachment" zu bleiben. Gelebte Bindung sei die beste Sicherung gegen späte Einsamkeit, wenn – wie zum Beispiel nach einem Partnerverlust – die realen Verhältnisse später Alleinsein auferlegen mögen (BOWLBY 1986).

Menschen entwickeln sich im Erwachsenenalter in viel stärker voneinander abweichender Weise, als es das für Ehen gelegentlich verwendete Stereotyp des „gemeinsamen Älterwerdens" begütigend haben will. Je mehr wir durch empirische Forschung in die Prozesse der individuellen Entwicklung der zweiten Lebenshälfte eindringen, desto zurückhaltender werden wir gegenüber dem Versuch, allgemeine

Gesetzmäßigkeiten hinsichtlich der Sexualität im Alter zu finden. Wir entdecken bestenfalls gewissen Wahrscheinlichkeiten nach Sozialmerkmalen (ROSENMAYR 1995, 1996a). Verallgemeinern aber läßt sich, daß für eine glückliche Partnerschaft nicht nur die Veränderung der Partner in Richtung auf sie selbst hin notwendig ist, sondern auch die Veränderung der Beziehung, die sie zueinander haben.

Zwar ist heute die allgemeine Ästhetik der Gesellschaft geradezu monomanisch auf Züge der Jugendlichkeit fixiert, was dem ökonomisch-sozialen Innovationswahn einerseits entspricht und ihn andererseits vorantreibt. Aber eine verstärkte soziale Wahrnehmung sowie eine verbesserte gesellschaftliche Anerkennung der Gruppen der Alten werden auch hier Wandel zugunsten einer Anerkennung der Sexualität alter oder älterer Menschen schaffen.

Befreit von einseitig auf die Jugend fixierter Ästhetik steht eine neue Form der Sexualität zur Disposition, wie sie im Alter gelebt werden kann oder könnte.

Dabei ist zu vermuten, daß sich die Ästhetik für die Sexualität der späten Jahre nur über eine bestimmte psychische Nähe beziehungsweise eine andere als die optische Sinneswahrnehmung sich entwickeln kann. Stimme und Geruch bleiben viel stärker unverändert als die Haut.

Zur Abwehr einer intim-sexuellen Beziehung, um die Nähe zum Partner oder zu erotischen Partnern überhaupt zu vermeiden, wird oft eine Triangulierung (RADEBOLD 1990) aufgebaut. Die Person, die sich einigeln will, schiebt zur Abwehr von Intimbeziehungen zwischen sich und den Lebenspartner einen Dritten, ein Kind oder Enkelkind. Triangulierung als Flucht aus einer dualen Beziehung (WILLI 1976) kann außer den Kindern, Schwiegerkindern oder Enkeln auch pflege- und hilfsbedürftige hochbetagte Angehörige zur „Abwehr" gegen Partnerbeziehungen mißbrauchen. Durch solche oft selbst verordnete „Aufopferungen" für Dritt-Personen wird die ungelöst sowie sexuell und emotional unerfüllt gebliebene Partnerbeziehung real preisgegeben oder weiter eingeschränkt.

Wechselseitige Abwendung der Partner voneinander und

die damit häufig verbundene weitgehende oder völlige Ablösung von der Sexualität, die mit Impotenz oder vaginalen Beschwerden somatisch legitimiert wird, können zum Gefühl des Scheiterns des eigenen Lebensprojektes beitragen. Wir können dieses Szenario als jenes der *„verdrängenden Kompensation"* oder der selbstschädigenden Blockaden und der sexuellen Stagnation sowie des *affektiven Sich-schadlos-Haltens an verfügbaren Bezugspersonen* charakterisieren. Für Männer bildet sich kompensatorisch oft eine erhöhte Suche nach Ehrenstellungen, Auszeichnungen, kurz: Gewinnung irgendeiner Form von *Macht über etwas,* heraus.

Die Vermeidung von Triangulierung – so Radebold (1990) und Willi (1986) – wäre durch Ko-evolution als einer ständigen Veränderung der Beziehung in einem lebendigen Austausch von Erotik und Sexualität auf dem Hintergrund von Liebe zu erreichen.

Beziehungen der Sexualität im späten Leben aufrechtzuerhalten dient wohl auch der fortgesetzten Bearbeitung und *Auflösung von Fixierungen.* Nur im Fluß der Fortentwicklung, bei lebendiger, kontinuierlicher Partnerschaft kann auch erreicht werden, daß Personen, die sich, wenn auch bei verschiedenem Ergebnis, gemeinsam entwickeln, einander *verbunden* bleiben können.

Psychotherapeutische Erfahrungen mit älteren Paaren besagen, daß sowohl Einzel- als auch Paartherapien im fortgeschrittenen Alter der Klienten erhebliche positive Chancen haben. Sexualität ist auch im vorgerückten Alter weiterhin gestaltbar, läuft *nicht generell nach biologischen Gesetzmäßigkeiten* ab. Veränderungen werden oft von Merkmalen bedingt, die nicht altersabhängig sind. Coitusfrequenzen oder verschiedene andere sogenannte „hard facts" zur Sexualität, die heute durch Studien, gruppiert nach Altersklassen, ausgewiesen werden, sind nicht für alle Zukunft als Maßstäbe anzusehen. Es ist damit zu rechnen, daß durch zunehmende Differenzierung von Einsichten in die Sexualität, von Erkenntnissen über sich und den Partner, die unsere Kultur zu fördern imstande ist, Gewinne an Unmittelbarkeit und Nähe und in der Folge auch an wechselseitiger Lusterfüllung entstehen.

Anstöße zu Reformkonzepten innerhalb der Psychoanalyse

Gegenüber der Eingleisigkeit der klassischen psychoanalytischen Theorie hinsichtlich der Trieblehre sind neuerdings Modelle der „komplexen Transaktion" (vielseitiger Netzwerke der Verhaltensbeeinflussung im Rahmen der Umwelt- und Körperbeziehungen) entwickelt worden. Diesen Versuchen ist gemeinsam, daß sie aufzeigen, daß „*im Leben* keine Aktivität isoliert von allen anderen" (Gedo 1996, S. 398) auftrete. Wir hätten es stets mit Handlungssyndromen aus verschiedenen Motivationsketten zu tun. Diese multivariate Betrachtung über Dauer kommt der soziologischen Grundkonzeption in der Alternsforschung (Schmitz-Scherzer 1995, S. 176) wesentlich näher als die klassische psychoanalytische Ausgangsposition einer mythisierenden Trieblehre. Vermutlich ist schon die der Erbschaft des 19. Jahrhunderts entstammende Fragestellung, „was denn nun *wirklich* ein Verhalten bestimme" und was somit die *letzte ausschlaggebende Kraft* oder Instanz sei, ein Fehlansatz. Das absolutistische Ursachendenken, das aus der alten abendländischen Metaphysik stammt, die entweder idealistisch oder materialistisch die Welt zu erklären bestrebt war, suchte auch in der Wissenschaft alle Befunde auf eindeutig bestimmbare Letztursachen zurückzuführen. Die Ausfächerung der Alternsforschung hat uns demgegenüber viel Zurückhaltung hinsichtlich von „Letzturteilen", aber gleichzeitig viele Ergebnisse über verschiedene Typen der Vernetzung von Einflußbedingungen auf das Altern nahegelegt.

Die Triebtheorie hatte unter anderem auch die Eigenschaft, daß sie sich immer nur auf das Verhalten von *Individuen* samt deren körperlichen Ausprägungen, nie aber auf Kollektivitäten, Organisationen und Institutionen oder auf überindividuelle kulturelle Systeme beziehen ließ. Altenpositionen in der Gesellschaft, Bewertung von Lebensphasen, kulturelle Verbindlichkeiten, Symbole und Normen müssen aber auch auf *sozialen* Variablen beziehungsweise der Kenntnis von deren Wirkungen aufbauen. Schon früh hatte Reich 1933 die „Abgrenzung von jenen psychoanalytischen

Auffassungen" bedauert, die Kultur und Geschichte der menschlichen Gesellschaft aus den Trieben erklären, statt zu begreifen, „daß erst gesellschaftliche Verhältnisse auf die menschlichen Bedürfnisse einwirken und sie verändern müßten, ehe diese veränderten Triebe und Bedürfnisse als geschichtliche Faktoren zu wirken beginnen konnten" (BRUNS 1996, S. 16). Mit dieser Soziologisierung und Historisierung der Psychoanalyse war REICH in der Psychoanalyse zum Außenseiter geworden.

Aber gerade die Einsicht in den Transfer von kollektiv wirksamen Modellen in individuelle Psychen macht einen wichtigen Teil des Verständnisses der Altersstereotype, des Agism, der Kulissen für den sogenannten Generationenkonflikt aus. Kulturprozesse, die reale Altenpositionen oder Altersbilder produzieren, sind ohne die Vorstellung von sozialen Strukturen mit speziell diesen innewohnenden ökonomischen und kulturellen Kräften nicht zu verstehen.

Rückwirkungen der Sozial- und Kulturgerontologie auf die Grundkonzepte der Psychoanalyse

Je mehr die psycho-soziologische Alternsforschung *kultursensitiv* wird, um so mehr wird sie diese für die Erklärung der Motivation der Altersgruppen bedeutende Differenzierung in einerseits individuelle und andererseits kollektive Muster wahrnehmen und im Forschungsprozeß berücksichtigen müssen. Wie immer man auch Aufbau und Inhalte der Massenkommunikation vom Fernsehen bis zu den bunten Illustrierten als Kulturleistung für die ältere Bevölkerung bewertet, ihre Bedeutung als *Strukturen* für die Motivation wird man nicht übersehen dürfen.

Die Simulation von Realität im Fernsehen mindert nicht, sondern *verstärkt,* was THEODOR W. ADORNO unter Anspielung auf die *soziale* Dynamik jene die „innersten Mechanismen des Einzelnen bestimmenden Kräfte" (ADORNO 1973, S. 100) nannte. Die Internalisierung von sozialen Altersstereotypen, die Abwertung des späten Lebens und des Status der Alten durch den einzelnen älteren Menschen wiederholt zum Beispiel auf individueller Ebene – durch „innerste Mechanismen“ (ADORNO) – soziale Wertungen. Hier können wir einen Transfer vom Sozialen ins individuell Psychische empirisch verfolgen. Wo und wie soll und kann man dann aufgrund solcher Einsichten Änderungen durch Politik, Erziehung und Aufklärung ansetzen? Man muß sich nicht immer nur auf gesamtgesellschaftliche Strukturen beziehen, um deren Wirkung auf einzelne Menschen zu erkunden. Auch Familien bringen überindividuelles Bewußtsein hervor, welches sich für die Handlungen der einzelnen Individuen machtvoll auswirkt.

Die Spannungen zwischen handlungsfähigem Subjekt und gesellschaftlich kristallisierter Macht, die ganz bestimmte Handlungsmuster vorgibt, ja sogar zu standardisieren trachtet, ist sowohl für die Psychoanalyse als auch für die Soziologie, die das Altern erforscht, von größter Bedeutung. Die Sozialwissenschaften, besonders die Soziologie, scheinen eher bereit zu sein, diese Dualität von Individuellem und Sozialem wahrzunehmen als die Psychoanalyse.

Anregungen zur „späten Freiheit“ aus philosophischer Sicht

In der Sprache der alteuropäischen Mystik hieß ein Freiheitsgewinn „Durchbrechen“ oder „einen Ruck empfangen“. Durchbrechen heißt, wenn es dem Menschen gelingt, sich aus der Selbstumklammerung seines Gewordenseins zu befreien – seinen Zwängen und Ängsten zu entrinnen – und dorthin vorzustoßen, „wo die obersten Engel und die Seelen und die Fliegen und Mücken eins sind“, also in einen Bereich *vor* dem eigenen Gewordensein (ECKHART, 14. Jahrhundert, hg. v. QUINT 1955, S. 31). Dadurch wird prinzipiell der Zugang zur „späten Freiheit“ möglich.

Entscheidend für die Freiheitsgewinnung des älteren Menschen ist nach dieser Auffassung die Kraft, sich der Fortführung des Bisherigen zu widersetzen und in Akten des „Durchbruchs“ – unter Einbußen, zum Beispiel durch Prestigeverlust, Verletzung und „narzißtische Kränkung" – seelisches Neuland zu gewinnen.

Allerdings müßte der „Durchbruch" auch das Annehmen von *Wahrheit über sich* voraussetzen, wobei dieses Gewinnen von Wahrheit von der Einsicht in den *Konstruktcharakter der Wahrheit* begleitet sein muß. Denn wir entwerfen und „konstruieren" in unseren psychischen und sozialen Lebensbezügen unsere Sicht von uns selbst, von unseren Problemen und von den Menschen und der Umwelt, in der wir leben (Rosenmayr 1983, S. 263). Vielleicht macht es der jahrelange kostspielige Arbeitsaufwand einer Psychoanalyse für den Therapeuten und den Analysanden schwer, diesen Konstruktcharakter der Wahrheit voll zu akzeptieren.

Die Bejahung des „Durchbruchs" zu sich selbst schließt die Vergegenwärtigung des eigenen Todes mit ein, ja verlangt den Blick auf die eigene Endlichkeit:

> „Vermutlich ist das entscheidende Problem des Alterns das Näherkommen des Todes. Die Einstellung zu diesem unausweichlichen Schicksal wird neben den Funktions-, Prestige- und Machtverlusten des Alterns den erfreulichen oder unerfreulichen Ablauf dieser Periode bestimmen. Je größer die Todesangst, um so schwieriger die Akzeptierung des Schicksals. Ich kann Freuds Auffassung vom Todestrieb nicht teilen, obwohl ich sehr gut verstehen kann, daß die negativen Lebenserfahrungen auch einen so starken Menschen, wie ihn, so beeindrucken konnten, daß er zu einer solchen Konzeption eines Dranges zur Selbstzerstörung kommen konnte. Auch halte ich es für unrichtig, daß man den eigenen Tod sich nicht vorstellen kann. Es ist jedoch zweifelsfrei, daß die Vorstellung der eigenen Nichtexistenz die schwerste narzißtische Kränkung des Menschen darstellt und den Wünschen nach Allmacht, Allwissenheit und Ewigkeit widerspricht, die wir alle mehr oder weniger stark hegen" (Strotzka 1982, S. 27).

Das Bewußtsein von Endlichkeit muß, um einen Beitrag zur subjektiven Befreiung leisten zu können, zum Bewußtsein von *meiner* Endlichkeit werden. Die wie bei Heidegger in „Sein und Zeit" (1927) empfohlene radikale Zuwendung zum Tod als Bedingung innerer Freiheit bedarf ihrer Konkretisierung in den individuell verschiedenen Verhältnissen und Chancen des eigenen Lebens. Späte Freiheit muß sich mit dem Todesbewußtsein auseinandersetzen. Von diesem Bewußtsein geht eine, wenn auch sehr wichtige Bedingung zum Ertragen des Alters und der Suche nach Erfüllung aus: Gelassenheit, vielleicht Versöhnlichkeit. Entäußerung als Vergegenwärtigung der Endlichkeit in einem „Vorlaufen zum Tod" ist eine wichtige Voraussetzung für „späte Freiheit". Doch vermag die Freiheit zum (eigenen) Tode auch auf eine Freiheit zur Liebe, der erotischen wie der spirituellen und karitativen, hinzuweisen.

Hans Strotzka ist zuzustimmen, wenn er sagt: „Die Versöhnung mit diesem Schicksal (dem Näherkommen des Todes) ist vielleicht die größte psychische Leistung, die von uns gefordert wird. Altern wird dadurch ungemein erleichtert" (Strotzka 1982, S. 27).

Späte Freiheit muß (trotz notwendigen Todesbezugs) als *Erfüllung* auch das übersteigende Bewegen der Liebe einschließen können. Diese Wendung zur Bejahung von „Übersteigerung" ist sowohl begrifflich als auch lebensmäßig noch schwerer zu fassen als die Formulierung einer Todesbereitschaft und das Sich-Aussetzen der Angst gegenüber dem Tod. Späte Freiheit aber kann sich wohl nur im Annehmen der Vereinigungsmöglichkeiten der Liebe aufbauen und wachsen. Sie ist nicht heroisch, sie ist einschließend, verbindend zu verstehen.

Literatur

Adler, A. (1920): Praxis und Theorie der Individualpsychologie. Fischer, Frankfurt a.M. (1984).

Adorno, Th.W. (1973): Die revidierte Psychoanalyse. In: Horkheimer, M.; Adorno, Th.W. (Hg.), Sociologica II, Reden und Vorträge. Europäische Verlagsanstalt, Frankfurt a.M., S. 94–112.

Baltes, P.B. (1996): Über die Zukunft des Alterns: Hoffnung mit Trauerflor. In: Baltes, M.; Montada, L. (Hg.), Produktives Leben im Alter. Campus, Frankfurt a.M./New York, S. 29–68.

Bardé, B. (1996): Zum Verhältnis von Soziologie und Psychologie (Adorno 1955), Versuch einer Bestandsaufnahme 40 Jahre danach. In: Bruns, G. (Hg.): Psychoanalyse im Kontext. Westdeutscher Verlag, Opladen.

Beck, U.; Beck-Gernsheim, E. (1993): Nicht Autonomie, sondern Bastelbiographie. Zeitschrift für Soziologie 22/33: 178–187.

Bowlby, I. (1986): Attachment, life-span and old age. Van Loghum Slaterus, Deventer.

Brähler, E.; Unger, U. (1996): Sexuelle Aktivität im höheren Alter im Kontext von Familienstand und Persönlichkeitsaspekten. Zeitschrift für Gerontologie 27: 110–115.

Bruns, G. (1996): Einleitung: Psychoanalyse und Soziologie – Ein Verhältnis. In: Bruns, G.(Hg.), Psychoanalyse im Kontext. Westdeutscher Verlag, Opladen.

Eckhart, M. (1955): Deutsche Predigten und Traktate. Hg. von J. Quint, I. München.

Feyerabend, B. (1978): Erkenntnis für freie Menschen. Suhrkamp, Frankfurt a.M.

Freud, S. (1938): Abriß der Psychoanalyse. Fischer, Frankfurt a.M. (1956).

Gedo, J.E. (1996): Die Psychobiologie der Motivation. Psyche 5: 385–406.

Jüttermann, G. (1995): Alternative Psychologie auf empirisch-geisteswissenschaftlicher Grundlage. In: Kruse, A.; Schmitz-Scherzer, R. (Hg.), Psychologie der Lebensalter. Steinkopf, Darmstadt, S. 33–43.

Levi-Strauss, C. (1974): Einleitung in das Werk von Marcel Mauss. In: Mauss, M. (Hg.), Soziologie und Anthropologie, Bd. I. Carl Hanser Verlag, München, S. 7–41.

Marshall, V.W. (1996): The state of Theory in Aging and the Social Sciences. In: Binstock, R.H.; George, L.K. (Hg.), Handbook of Aging and the Social Sciences. Academic Press, New York/London, S. 12–30.

Radebold, H. (1990): Partnerschaft und Sexualität aus psychoanalytischer Sicht. In: Karl, F.; Friedrich, I. (Hg.), Partnerschaft und Sexualität im Alter. Steinkopf, Darmstadt, S. 53–57.

Radebold, H. (1992): Psychoanalyse und Altern. In: Radebold, H. (Hg.), Psychoanalyse und Altern. Kassel: Gesamthochschule.

Rauh, H. et al. (1995): Anfänge der Persönlichkeitsentwicklung in der frühen Kindheit. In: Kruse, A.; Schmitz-Scherzer, R.

(Hg.), Psychologie der Lebensalter. Steinkopf, Darmstadt, S. 107–122.

ROSENMAYR, L. (1978): Elemente einer allgemeinen Alter(n)s-theorie. In: ROSENMAYR, L.; ROSENMAYR, H. (Hg.), Der alte Mensch in der Gesellschaft. Rowohlt, Reinbek, S. 46–79.

ROSENMAYR, L. (1983): Die späte Freiheit, das Alter – Ein Stück bewußt gelebten Lebens. Severin & Siedler, Berlin.

ROSENMAYR, L. (1995): Eros und Sexus im Alter. In: BORSCHEID, P. (Hg.), Alter und Gesellschaft. Wissenschaftliche Verlagsgesellschaft, Stuttgart, S. 87–108.

ROSENMAYR, L. (1996): Altern im Lebenslauf. Soziale Position, Konflikt und Liebe in den späten Jahren. Vandenhoeck & Ruprecht, Göttingen/Zürich.

ROSENMAYR, L. (1996a): Eros und Liebe im Alter. In: BALTES, M.; MONTADA, L. (Hg.), Produktives Leben im Alter. Campus, Frankfurt a.M./New York, S. 258–289.

STIERLIN, H. (1989): Delegation und Familie. Suhrkamp, Frankfurt a.M.

STROTZKA, H. (1982): Medizinisch-psychologische Aspekte des Alterns. In: ÖSTERREICHISCHE AKADEMIE DER WISSENSCHAFTEN (Hg.), Aspekte des menschlichen Alterns. Wien.

STROTZKA, H. (1983): Fairness, Verantwortung, Fantasie. Eine psychoanalytische Alltagsethik. Deuticke, Wien.

SYDOW, K. v. (1993): Lebenslust. Weibliche Sexualität von der frühen Kindheit bis ins hohe Alter. Verlag Hans Huber, Bern.

WILLI, I. (1976): Die Zweierbeziehung. Spannungsursache, Störungsmuster, Klärungsprozesse. Rowohlt, Reinbek.

WILLI, I. (1986): Die Ehe im Alter in psycho-ökologischer Sicht. Familiendynamik 4: 294–306.

Gereon Heuft

Auf dem Weg zu einem empirisch gestützten psychoanalytischen Entwicklungsmodell der zweiten Hälfte des Erwachsenenlebens

Summary: On the Way to a Psychoanalytic Development Model by Help of Empiric Data

Despite in the psychoanalytic theory the unresolved tasks and conflicts of the childhood have a central significance towards the aspect of psychological development over the whole life-span until newest time, the try to relate conflicttypologies to the subscribed psychosexuell stages of development is to be seen as failed. It seems to be unsuitable to grant an important primacy of the first six years of psychical development at the first psychoneurotic or psychosomatic symptoms in the second part of the adult life. By help of own empiric data the hypothesis will be supported that the physical process of aging will get a leading significance, an organizer function in the elderly. As a modell the instinct is described and discussed as an organizer of the psychosexual developement in the first years of life, the objectal relationship as an organizer during the middle ages of adult life and finally the somatic aging process as organizer during the higher ages of adult life.

Allgemeine und altersspezifische psychoanalytische Entwicklungs- und Krankheitstheorien in der Literatur

Die theoretische Annahme ungelöster Aufgaben und Konflikte aus Kindheit und Jugend, die auch im Alter neurosefördernd seien, hat noch bis zu den Vertretern entwicklungspsychologischer Ansätze in jüngerer Zeit (z. B. LIPTZIN 1985) eine zentrale Bedeutung (zur Übersicht vgl. Tab. 1). Während die Phasen der Libidoentwicklung in der

Tabelle 1: Allgemeine und altersspezifische psychoanalytische Entwicklungs- und Krankheitstheorien

allgemein:
- ungelöste Aufgaben früherer Phasen verursachen spätere Krisen (LIPTZIN 1985)
- Life-cycle-Theorien (ERIKSON 1956)
- 10 Kernthemen über den ganzen Lebenszyklus (COLARUSSO & NEMIROFF 1987)
- Traumata überschreiten Anpassungsmöglichkeiten (HEUFT 1993)

altersspezifisch:
- Regressionskonzepte (SCHUMACHER 1973)
- Progressionskonzepte (RADEBOLD 1979)
- Verlust des Genitalprimates (DEUTSCH 1925)
- Geschlechtershift (HILDEBRAND 1982)
- Auseinandersetzung mit Mediationsfaktoren (MOORE u. CHRISTENSEN 1988)
- Narzißtische Belastungen (HEUFT 1990)
- Abschwächung der Abwehr (WERTHEIM u. LOBRINUS 1981)
- Verstärkung der Abwehr (BURNER 1970)

psychoanalytischen Metatheorie eher als ein Kontinuum ineinandergreifender, biologisch mitbedingter Reifungsschritte bis zur wiederholten Durcharbeitung in der Pubertät begriffen werden, versuchen die Life-cycle-Theorien (8 Phasen bei ERIKSON 1956, 1982), das Leben als aufeinander bezogene zentrale Entwicklungsaufgaben oder als lebenslanges

Schicksal von Kernthemen (wie Liebe, Sexualität, Arbeit, Tod etc.) (Colarusso u. Nemiroff 1987) zu begreifen. Dabei kommt die Life-cycle-Theorie über eine (idealisierende) Deskription des Alterns nicht eigentlich hinaus. So faßt bei Erikson die Phase 8 „Alter" 30 Lebensjahre und mehr (etwa vom 60. bis zum 90. Lebensjahr) zusammen und versucht lediglich eine deskriptive Orientierung über den Stand der psychosozialen Entwicklung des alten Menschen. Daher diagnostizieren wir auch nicht mit den Eriksonschen Kategorien. Warum es bei einer strenggenommen geglückten Entwicklung bis ins Erwachsenenalter hinein zu aktuellen Symptombildungen kommt, kann mit dem Eriksonschen Modell nicht geklärt werden. Entwicklung „geschieht" anscheinend irgendwie – aber wer oder was treibt Erwachsene zu weiteren, je immer auch konflikthaften Entwicklungsschritten? In der Frage einer adaptiven Therapieindikation psychoanalytisch orientierter Behandlungsverfahren (Langzeit-Psychoanalyse, Psychodynamische Psychotherapie, Fokaltherapie, Psychoanalytische Gruppenpsychotherapie und stationäre analytische Psychotherapie) gibt der Eriksonsche Ansatz keine (entwicklungsfördernden) Antworten.

Wie die Übersicht in Tabelle 1 deutlich macht, gehen altersspezifische Konzepte überwiegend von der Annahme aus, für ein normales Altern sei eine Regression auf prägenitale Stufen oder ein Geschlechtershift (Männer leben mehr ihre Abhängigkeitswünsche und Frauen ihre aggressiven Anteile im Alter) charakteristisch. Der Verlust des Genitalprimates im Alter stellt eine (vorurteilsbeladene) Sonderform des allgemeinen Regressionskonzeptes dar. Motiv der Regression sei die Erhaltung von Ich-Stabilität und -Integrität sowie Abwehr narzißtischer Kränkungen. Neben den pathologischen Regressionsvorgängen werden heute auch adaptive Regressionen (im Dienste der Entwicklung) und Möglichkeiten der Progression gesehen. Über die Frage der quantitativen Veränderung der Abwehrleistungen des Ich gibt es konträre Auffassungen: Der Ansicht einer verstärkten Abwehr steht die einer abgeschwächten Abwehr im Alter gegenüber, wobei bestimmte Abwehrmechanismen für den letzten Lebensabschnitt besonders prägnant sein sollen wie zum Beispiel Somatisierung, Abwertung, Projektion und Verleugnung. Körperliche Alternsvorgänge erhalten mehr Bedeutung in der Annahme, daß die Entstehung psychischer Konflikte im Alter auch Folge einer Auseinandersetzung mit sogenannten Mediatorfunktionen wie Gesundheitszustand, sozialem Umfeld, kognitiven Fähigkeiten und so weiter sei.

Wenn man von chronischer neurotischer Entwicklung über den gesamten Lebenslauf im hiesigen Kontext absieht, ist unstrittig, daß bei Menschen in der zweiten Hälfte des Erwachsenenlebens auch nach 40jähriger Latenz psychoneurotische Konflikte aus der kindlichen Entwicklung durch Veränderung des psychosozialen Arrangements (z. B. Wegzug der erwachsenen Kinder) aufbrechen können.

Allerdings muß der Versuch der traditionellen psychoanalytischen Theoriebildung, Konflikttypologien im Hinblick auf ihre Entstehung einer umschriebenen psychosexuellen Entwicklungsstufe zuzuordnen, als gescheitert angesehen werden. Es gibt keine hinreichenden Belege einer spezifischen Beziehung zwischen Triebkonflikten und Neurosetypen. Abhängigkeitskonflikte entstehen nicht nur in der sogenannten „oralen" Entwicklungsphase, Aggressions- und Autonomiekonflikte nicht ausschließlich in der „analen" Entwicklungsphase, und „ödipale" Konflikte sind nicht auf die phallisch-ödipale Phase begrenzt, sondern beginnen bereit mit der Symbolisierungs- und Rollenfähigkeit des Kindes (Hoffmann 1984; Schüssler u. Bertl-Schüssler 1992). Außerdem spielen bei der Entstehung von Neurosen reale Umwelt- und sozioökonomische sowie biologische Faktoren eine immer noch zuwenig beachtete Rolle. Geht man überdies vom Paradigma einer psychischen Entwicklung über den gesamten Lebenslauf aus, erscheint es aus Sicht umfangreicher klinischer Erfahrung in der Behandlung alter Menschen unangemessen, der Frühgenese psychischer Entwicklung bei einer ersten Symptommanifestation im sechsten oder siebten Lebensjahrzehnt ein unbedingtes Primat einzuräumen.

Eigene Untersuchungsbefunde

Im Rahmen der von der Deutschen Forschungsgemeinschaft (DFG) geförderten Eldermen-Studie wurden in einer geriatrischen Akutklinik innerhalb einer konsekutiven Stichprobe Patienten beiderlei Geschlechts, die 60 Jahre oder älter waren und bereits vor der Entlassung aus der stationären Behandlung standen, in einem durchschnittlich zwei Stunden dauernden, halboffenen Interview unter anderem auch gefragt: „Woran merken Sie, daß die Zeit vergeht?" Auf diese Frage antworteten 79 Prozent unter Bezugnahme auf den körperlichen Alternsprozeß, wobei 33 Prozent eher einen Belastungskontext herstellten („Daß ich nicht mehr so wie früher kann, darüber könnte ich heulen"). 24 Prozent sprachen bei der Frage nach dem Zeiterleben akzeptierend über ihr Körpererleben („Solange die Augen noch o.k. sind, kann ich Handarbeiten machen"), und 22 Prozent stellten das körperlich vermittelte Zeiterleben in keinen wertenden Zusammenhang („Man wird älter und bekommt Krankheiten"). Die Veränderung des geistigen Erlebens spielt in dieser Studie deswegen keine Rolle, weil aufgrund des Designs ausdrücklich alle, auch leichte Demenz-Formen nicht mit untersucht werden konnten. Völlig ohne Bezug zum körperlichen Alternsprozeß berichteten nur 18 Prozent von ihrem Zeiterleben („Die Zeit vergeht so schnell, und dann ist schon wieder Weihnachten").

Diese Befunde legen den Schluß nahe, daß das Zeiterleben im Alter, die daraus sich ableitende Bezugnahme zur Vergangenheit und die Zukunftsperspektive, letztlich das Erleben von Entwicklung in der Zeit eine vor allem körperliche Dimension hat.

Der körperliche Alternsprozeß hat auch bei der Arbeit mit alten Psychotherapie-Patienten eine wesentliche Bedeutung. So stellen sich in der Klinikambulanz Patienten der gleichen Altersgruppe, die in der Eldermen-Studie untersucht wurden, vor, nachdem sie nach einer unauffälligen Entwicklung mit dem körperlichen Alternsprozeß konfrontiert in eine angstauslösende Situation geraten sind. Eine solche Situation kann beispielsweise die Belastung durch einen Aktualkonflikt sein. Das Konzept Aktualkonflikt wurde in der OPD (1996) von Heuft und seinen Mitautoren (1997) formuliert im Hinblick auf Patienten, deren Anamnese beziehungsweise Biographie trotz sorgfältiger Untersuchung keine pathogenen repetitiven Konfliktmuster erkennen lassen und deren Lebenslauf nach Erreichen des Erwachsenenlebens (etwa nach Gründung einer eigenen Familie und/oder beruflicher Entwicklung) eine strukturelle Störung im oben beschriebenen Sinne mit an Sicherheit grenzender Wahrscheinlichkeit ausschließt. Ursächlich für die Probleme dieser Patienten können entweder erhebliche *konflikthafte äußere Lebensbelastungen* oder primär intrapsychisch erlebte konflikthafte Belastungen durch Entwicklungs- und Alterungsprozesse im Lebenslauf sein.

Im Gegensatz zum psychoneurotischen Konflikt sind den Patienten die motivationalen Beweggründe im Erleben äußerer und innerer aktueller Konflikte teilweise oder ganz bewußt. Das *pathogene Element* wird *nicht* über die Qualität der Bewußtheit des Konfliktes, sondern über seine prinzipielle, subjektive oder objektive Unlösbarkeit definiert. Die Patienten sind in jeder Hinsicht mit einer adäquaten Bewältigung überfordert. Dabei gilt im Prinzip wie auch bei den neurotischen Konflikten, daß die *relative Überforderung* der Ich-Möglichkeiten durch die äußere Realbelastung zur Dekompensation führt.

Diese psychodynamischen Zusammenhänge sollen durch die folgende Skizze aus dem diagnostisch-therapeutischen Prozeß eines 72jährigen Mannes verdeutlicht werden: Wie in Abbildung 1 schematisch zusammengefaßt, erschien die Frühgenese des Patienten unauffällig. Während des zweiten Weltkrieges war er als Soldat bei einem Sturmangriff zweimal im Minutenabstand durch Gewehrfeuer jeweils mit einem Schuß in den linken Arm getroffen worden. Durch glückliche Umstände erreichte er noch einen Lazarettzug. Eine Reihe von wesentlichen Funktionen der linken oberen Extremität blieben verletzungsbedingt verloren. Dennoch entschloß sich der Patient in seinem Lehramtsstudium zu einer Fächerkombination mit Sport und war stolz darauf, bis zum 45. Lebensjahr alle Übungen vorturnen zu können. In einem Lebensabschnitt, den viele Sportlehrer im Kontakt mit den „jungen Kerls“ als problematisch erleben, entwickelte der Patient Wirbelsäulenbeschwerden. Gegen seinen Willen sei er damals chiropraktisch behandelt worden. Dabei habe es furchtbar in seinen Knochen gekracht – etwas sei damals in ihm zerbrochen. Seither war er zwar noch als Lehrer tätig, konnte jedoch keinen Sportunterricht mehr geben. – Jetzt meldete sich der Patient in der Ambulanz, nachdem er einige Monate zuvor die Angst vor einer 4fach-Bypass-Operation selbst überwunden hatte, mit Schwindelgefühlen und körperbezogenen Ängsten des Inhalts, eine Demenz oder einen Schlaganfall zu erleiden. Sorgfältigste organische Untersuchungen verschiedener Fachdisziplinen fanden kein organisches Korrelat für die Beschwerden.

Wie in Abbildung 1 skizziert, ließ sich mit dem Patienten zusammen ein Circulus vitiosus aus Angst vor dem weiteren körperlichen Alternsprozeß als angstauslösender Situation (Herz-Operation) – funktionellen Schwindelgefühlen (Angstäquivalente) – Verstärkung der Angst etc. evaluieren. Komplizierend kam in diesem Fall noch die körperlich-psychische Traumatisierung als Soldat hinzu mit der „Deckerinnerung“ einer (objektiv nicht gegebenen) „Schädigung“ durch die chiropraktische Behandlung im mittleren Lebensabschnitt. Der Traumatisierungssituation als Soldat entspricht das subjektiv erlebte Ausgeliefertsein in der chiropraktischen Behandlung und wurde erneut reaktiviert durch die Herz-OP. – Diese Befunde aus der Untersuchung von alten Menschen ohne psychische Erkrankung und alten Psychotherapie-Patienten führten uns zu der Hypothese, daß dem körperlichen Alternsprozeß eine zentrale Rolle („Organisator-Funktion“) in der zweiten Hälfte des Erwachsenenlebens zukommt.

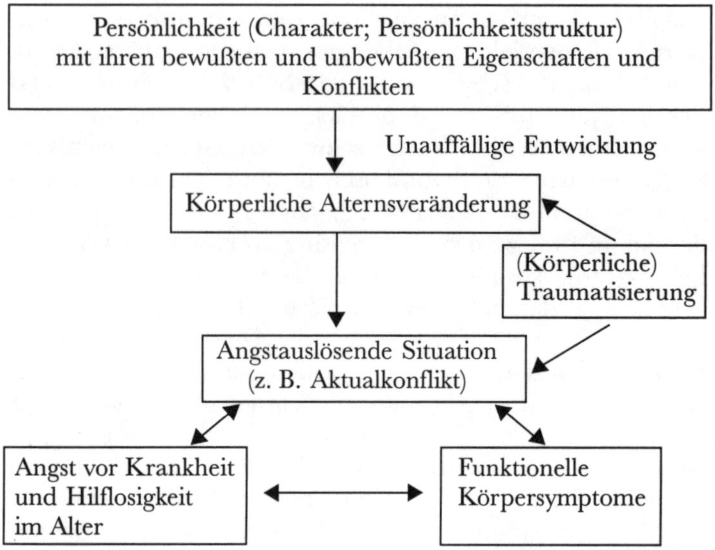

Abbildung 1: Zum psychodynamischen Zusammenhang von körperlichem und psychischem Entwicklungsprozeß in der zweiten Hälfte des Erwachsenenlebens

Organisatoren einer Entwicklung im Lebenslauf

In einer vereinfachenden Modellbildung kann im jeweiligen Lebensabschnitt das die Entwicklung führende „Organ" als „Organisator" bezeichnet werden. Die Verwendung des Begriffs Organisator steht dabei in der Tradition von Needham (1931; „embryologischer Organisator"), Spitz (1965; „kritische Knotenpunkte in der Entwicklung des Kleinkindes") und A. Freud (1963; „konvergierende Entwicklungslinien").

Der *Trieb* kann als Organisator der psychosexuellen Entwicklung in den ersten Lebensjahren begriffen werden. Die individuelle Triebausstattung als Resultat einer biologischen Variante drängt zur Auseinandersetzung mit den bekannten

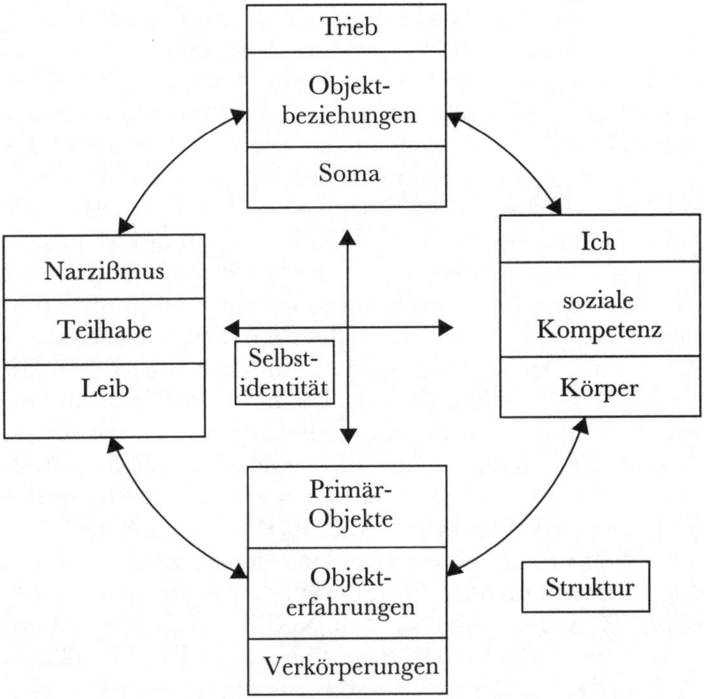

Abbildung 2: Drei Organisatoren der Entwicklung im Lebenslauf – die dynamische Beziehung der vier Dimensionen von Selbst-Identität und Struktur zueinander

psychosexuellen Reifungsphasen und den entsprechenden typischen psychosozialen Krisen in Kindheit und Jugend. Die in Abbildung 2 auf den vier Polen jeweils obenstehenden Dimensionen skizzieren, daß sich neben der Triebentwicklung in einer gleichzeitigen Wechselwirkung das autonome Ich (im Sinne HARTMANNS 1939), der Narzißmus (im Sinne KOHUTS 1973) und die Entwicklung von (sich zunehmend internalisierenden) Beziehungen zu den (Primär-)Objekten konstituieren. Eine mögliche Traumagenese und deren Folgen bleiben hier für die Diskussion einer normal konflikthaften Entwicklung unberücksichtigt. Dabei stellt jede der vier genannten Entwicklungssäulen eine komplexe Funktion sowohl der individuell-historischen Zeitdimension wie der soziokulturellen Bedingtheiten dar. Die Vernetzung des Individuums im sozialen Raum konstituiert dann die „Wirklichkeit" eines Menschen (im Sinne Th. v. Uexkülls 1984). Die Selbstidentität beschreibt das Binnenerleben des Menschen in der genannten Komplexität, die Struktur das Gesamt der vier beschriebenen Dimensionen aus einer diagnostizierenden Außensicht. Nach Erreichen des Erwachsenenalters übernimmt der *objektale Organisator* die Schrittmacherfunktion für die weitere Entwicklung. Unentrinnbare Veränderungen in den gelebten Objektbeziehungen (wie Partnerschaft, Auszug der Kinder, nachelterliche Gefährtenschaft, berufliche Veränderungen etc.) müssen unter Einbeziehung der funktionalen Komponente von „sozialer Kompetenz" stets aufs Neue mit den internalisierten Objektbeziehungen und den hinzukommenden Objekterfahrungen im weiteren Lebenslauf abgeglichen werden (vgl. Abb. 2). Unter dem Aspekt des „sekundären Narzißmus" (vgl. Freud 1923, S. 275) ist das Ich des Individuums ständig aufgefordert, zwischen Objektnähe und Objektferne im Sinne einer „Teilhabe" an den Beziehungen und damit der „Welt" die Waage zu halten.

In der zweiten Hälfte des Erwachsenenalters kommt es unbewußt zu einer weiteren, schrittweisen Verschiebung der Organisatorfunktion zum Soma hin (*somatogener Organisator*). Dabei entspricht dem psychischen Ich der Körper, den ich habe (funktionaler Aspekt), während der Leib, der ich bin, dem narzißtischen Aspekt entspricht. Der Ebene der internalen Objektbeziehungen und der späteren grundlegenden Objekterfahrungen analog sind die Körpererinnerungen, Somatisierungen oder Verkörperungen (vgl. Abb. 2). Die oben berichteten Studienergebnisse sprechen für eine veränderte Wahrnehmung des Körpers und seiner Funktionen in der Weise, daß die leibliche Existenz und die körperliche Funktion nicht mehr als ausschließlich selbstverständlich gegeben wahrgenommen wird. Analog zur Veränderung der Körperfunktionen besteht das ich-strukturelle Problem der kognitiven Bewältigung dieser Veränderungen ebenso wie der narzißtische Umgang mit der sich verändernden Leiblichkeit. Diese theoretische Modellbildung spiegelt die oben referierten empirischen Daten wider, nach denen sich die verändernde Körperlichkeit im Alternsprozeß zugleich auch als die intrapsychische Symbolisierungsebene für das Zeiterleben und die Strukturierung der Zukunftsperspektive darstellt.

Diskussion

Dieses Modell bietet die Möglichkeit, die Auswirkung veränderter Körperfunktionen im Alter mit Rückwirkung auf das narzißtische System beziehungsweise Leiberleben und die Objektbeziehungen sowie die notwendigen Triebenergien als Konfliktgeschehen zu begreifen und von regressiven Phänomenen im triebdynamischen Sinne abzugrenzen. Damit wird diskutierbar, inwieweit Aktualkonflikte (OPD 1996) oder (reaktivierte) neurotische Konflikte aufgrund ihrer „Verkörperungen" bei alten Menschen tendenziell übersehen werden. Hinzu tritt, daß zahlreiche vorbestehende somatische Erkrankungen in dieser Lebensspanne die Diagnose funktioneller Symptome erschweren. Das Individuum hat für die durch den körperlichen Alternsprozeß erzwungenen Entwicklungsschritte keine wirkliche Möglichkeit des vorauslaufenden Einübens. „Leben heißt, kontinuierlich neue Dinge zu erfahren und mit den Problemen, die sie mit sich bringen, umgehen zu müssen. Und diesen Problemkreis können wir nicht einfach damit festlegen, daß wir sagen, alles Wichtige ereigne sich im ersten Lebensjahr, und bei der späteren Entwicklung handelt es sich nur um Modifikationen der früheren Erlebnisse" (HEIMANN 1962, S. 595).

Wenn ERIKSON (1982) die psychosoziale Krise des Erwachsenenalters als „Generativität versus Stagnation" beschreibt, könnte neben einer Stagnation in den Objektbeziehungen auch eine Verleugnung des somatogenen Organisators von Entwicklung angenommen werden. Die Beobachtung, daß Menschen in der zweiten Hälfte des Erwachsenenlebens mit Gewinn wiederholt Lebensrückblick halten („Life review“), kann aus der Notwendigkeit heraus verstanden werden, die durch den vor allem körperlich erlebten Veränderungsprozeß bedrohte Identität mit Hilfe einer Vergegenwärtigung der eigenen biographischen Gestalt weiterzuentwickeln („Das bin ich“, s. Lohmann u. Heuft 1995). Wie an dem oben beschriebenen Fallbeispiel entwickelt, ermöglicht die hier vorgeschlagene Modellbildung – gegebenenfalls auch unter Berücksichtigung traumatischer Lebenserfahrungen im engeren Sinne – einen genuin psychoanalytischen Behandlungsansatz auch bei der großen Gruppe alter Patienten, deren Frühgenese nicht als pathogener Faktor verstehbar wird.

Literatur

Burner, M. (1970): L'abord psychothérapique du malade âgé. Fortbildungskurse Schweiz. Ges. Psych. Vol. 3. Karger, Basel/ New York, S. 61–75.

Colarusso, C.A; Nemiroff, R.A. (1987): Clinical implications of adult developmental theory. Am. J. Psychiatry 144(10):1263–1270.

Erikson, E.H (1956): The problem of ego identity. J. Am. Psychoanal. Assoc. 4:56–121.

Erikson, E.H (1982): The life cycle completed. Norton WW & Co, New York/London.

Freud, A. (1963): The concept of developmental lines. Psychoanalytic study of child, 18.

Freud, S. (1923): Das Ich und das Es. GW Bd. 13, S. 237–289.

Hartmann, H. (1939): Ich-Psychologie und Anpassungsproblem (deutsch 1960). Klett, Stuttgart.

Heimann, P. (1962): Bemerkungen zur analen Phase. Psyche 16:420– 439.

Heuft, G. (1990): Bedarf es eines Konzeptes der Eigenübertragung? Forum Psychoanal. 6:299–315.

HEUFT, G. (1993): Psychoanalytische Gerontopsychosomatik – Zur Genese und differentiellen Therapieindikation akuter funktioneller Somatisierungen im Alter. Psychother. Psychosom. Med. Psychol. 43:46–54.

HEUFT, G.; HOFFMANN, S.O; MANS, E.J.; MENTZOS, S.; SCHÜSSLER, G. (1997): Das Konzept des Aktualkonfliktes und seine Bedeutung für die Therapie. Z. Psychosom. Med. 43 (1) (in Vorb.).

HILDEBRAND, H.P (1982): Psychotherapy with older patients. Br. J. Med. Psychol. 55:19–28.

HOFFMAN, S.O (1984): Charakter und Neurose. Suhrkamp, Frankfurt am Main.

KOHUT, H. (1973): Narzißmus. Eine Theorie der Behandlung narzißtischer Persönlichkeitsstörungen. Suhrkamp, Frankfurt am Main.

LIPTZIN, B. (1985): Psychotherapy with the elderly: an Eriksonian perspective. J. Geriatr. Psychiatry 18(2):183–203.

LOHMANN, R.; HEUFT, G. (1995): Life review: Förderung der Entwicklungspotentiale im Alter. Z. Gerontol. Geriat. 28:236–241.

MOORE, J.T; CHRISTENSON, R.M (1988): Significance of premorbid adjustment and psychotherapy in selected case studies. Int. Aging Hum. Dev. 26(2):117–128.

NEEDHAM, J. (1931): Chemical embryology. Macmillan, London.

RADEBOLD, H. (1979): Der psychoanalytische Zugang zu dem älteren und alten Menschen. In: PETZOLD, H.G; BUBOLZ, E. (Hg.), Psychotherapie mit älteren Menschen. Junfermann, Paderborn, S. 89–108.

SCHUMACHER, W. (1973): Psychische Veränderungen des höheren Lebensalters aus der Sicht des Psychoanalytikers. Aktuel. Gerontol. 3:275–280.

SPITZ, R.A. (1965): The first year of life. A psychoanalytic study of normal undeviant development of object relations. Int. Univ. Press, New York.

UEXKÜLL, TH. v. (1984): Zeichen und Realität als anthroposemiotisches Problem. In: OEHLER, K. (Hg.), Zeichen und Realität. Akten des 3. semiotischen Kolloquiums, Hamburg, Stauffenberg, Tübingen.

WERTHEIMER, J.; LOBRINUS, A. (1981): Psychotherapie neurotischer Störungen beim alten Menschen: eine neue Öffnung ins Leben. Z. Gerontol. 14(1):22–23.

Peter Kutter

Altern in selbstpsychologischer Sicht

Summary: Aging in Selfpsychological Perspective

The article refers to the psychological problems of the elderly in specific selfpsychological perspective. First an overview of the most important selfpsychological concepts is given. Then the eight important challenges of becoming older shown by Radebold (1992) are discussed in detail, each in stringent selfpsychological manner. Through that some specific narcissistic problems become possibly clearer than without selfpsychological concepts.

Vorbemerkung

Wozu brauchen wir eine selbstpsychologische Sicht des Alters? So werden viele denken, denn es gibt doch genügend klare Perspektiven über das Altern: psychologische und psychoanalytische, aus den verschiedensten Positionen und unter den unterschiedlichsten Aspekten. Sie sind sicher an gegebenem Ort in diesem Band nachzulesen. Ich orientiere mich an den von Radebold (1992, S. 68–72) zusammengestellten acht wesentlichen „Aufgaben", denen sich der ältere Mensch stellen muß:

1. „Reagieren auf den sich verändernden eigenen Körper",
2. „Umgehen mit den eigenen libidinösen, aggressiven und narzißtischen Strebungen",

3. „Gestalten der intragenerativen Beziehungen“,
4. „Gestalten der intergenerativen Beziehungen“,
5. „Sich-Stabilisieren durch Beruf und Interessen“,
6. „Erhalten der sozialen Sicherheit/Versorgung“,
7. „Erhalten der eigenen Identität“ und
8. „Einstellen auf die sich verändernde Zeitperspektive sowie auf Sterben und Tod“.

Ich werde auf die genannten Punkte, meinem Thema folgend, aus spezifisch selbstpsychologischer Sicht eingehen. Zuvor sei aber die selbstpsychologische Perspektive, unabhängig vom Thema Altern, in gebotener Kürze vorgestellt.

Abriß der Selbstpsychologie

Unter Selbstpsychologie verstehen wir die von Kohut (1973) ausgehenden Weiterentwicklungen, wie sie sich in den USA in der „Annual Conference on the Psychology of the Self“ seit 1977 jährlich und im deutschsprachigen Raum in verschiedenen Symposien über Selbstpsychologie seit 1983, zuletzt 1995 wieder in Dreieich bei Frankfurt am Main, entfaltet haben.

Dabei hat sich innerhalb der Psychoanalyse ein relativ eigenständiges selbst-psychologisches Konzept herauskristallisiert, das sowohl im Hinblick auf die Theorie als auch auf Klinik und Technik besondere Akzente setzt.

Der erste Akzent der Selbstpsychologie betrifft das Selbst als wesentlichen Organisator der Psyche. Man könnte in Anspielung auf Sigmund Freuds wichtigen Aufsatz über „Triebe und Triebschicksale“ (Freud 1915) von „Selbst und Selbst-Schicksalen“ sprechen, die in der Selbstpsychologie besonders beachtet werden. Was mit „Selbst“ eigentlich gemeint ist, finden wir eher in der schlichten Umgangssprache als in einschlägigen wissenschaftlichen Arbeiten: zu sich selbst kommen, bei sich sein, in sich ruhen oder außer sich sein, sich selbst verlieren, selbstverloren. Es geht um das ureigenste Wesen eines Menschen, um das, was ihn selbst unverwechselbar kennzeichnet. Statt sexueller und aggressiver Triebe steuern einerseits Selbstbehauptung, Selbstachtung und Ambitionen (Ehrgeiz), andererseits Werte und Ideale, als die beiden Pole der bi-polaren Selbst-Struktur, die Entwicklung der Persönlichkeit. Dieses Selbst hat eine gegenüber den sonst in der Psychoanalyse besonders betonten Trieben und deren Entwicklung eine eigene Entwicklungslinie (Kohut 1973), die unabhängig von den Trieben und deren Entwicklung eigenen Gesetzmäßigkeiten folgt.

Verläuft diese unter günstigen äußeren Voraussetzungen, dann bildet sich schließlich ein relativ kohäsives, stabiles und belastungsfähiges Selbst heraus. Zu den günstigen äußeren Voraussetzungen gehört die Befriedigung der folgenden drei elementaren Bedürfnisse (Milch u. Hartmann 1996, S. 5):

1. „nach Spiegelung", wenn wir von wichtigen anderen Menschen dadurch respektiert werden, daß sie unsere Interessen teilen, darauf eingehen, darauf reagieren, und sei es nur, daß sie sagen „toll" oder „super",
2. „nach Idealisierung", wenn wichtige andere Menschen unsere Bedürfnisse, auch etwas Besonderes zu sein, wahrnehmen, es uns gönnen, uns darin bestätigen, und
3. „nach Gleichheit und Zugehörigkeit (Alter ego, Zwilling)", wenn wir beispielsweise im Freundeskreis mit unserem ureigensten Beitrag geachtet werden und anerkannt sind.

Unter ungünstigen äußeren Voraussetzungen entwickeln sich vielfältige narzißtische Persönlichkeitsstörungen. Wolf (1988) hat die von Kohut (1973) beschriebenen „narzißtischen Persönlichkeits-Störungen" in „Treating the Self" weiter differenziert (z. B. das unterstimulierte Selbst, das fragmentierte Selbst, das überstimulierte Selbst und das überlastete Selbst). Im Hinblick auf die elementaren Bedürfnisse nach Spiegelung hat er folgende Persönlichkeitstypen unterschieden: nach Spiegelung hungernde Persönlichkeiten, nach Idealen hungernde Persönlichkeiten, Alter-ego-hungrige Persönlichkeiten, nach Verschmelzung hungernde Persönlichkeiten und kontakt-vermeidende Persönlichkeiten. Sie leiden an einem gestörten Selbst-Erleben, empfinden ihr Leben als sinnlos, sich selbst als lustlos. Einer meiner Patienten meinte über sein Leben: „Das soll alles gewesen sein?"

Der zweite Akzent der Selbstpsychologie bezieht sich auf ganz besondere Fähigkeiten der persönlichen, familialen und sozialen Umwelt, die eine optimale Befriedigung elementarer Bedürfnisse garantieren. Deren reale Befriedigung ist so not-wendig, daß ohne sie (wie es die Sprache ausdrückt) die Not nicht gewendet werden könnte und damit Weiterentwicklung nicht möglich wäre.

Dazu gehören:

1. *die Fähigkeit der Einfühlung* in die Bedürfnisse, Ängste und Abwehrbemühungen des anderen,
2. *die Fähigkeit, elementare Bedürfnisse des anderen zu spiegeln*, das heißt sie ernst zu nehmen, darauf bestätigend zu reagieren und sie in Worten auszudrücken, und
3. die Fähigkeit, auf die elementaren Bedürfnisse nach Idealisierung einzugehen.

Die Fähigkeit zur Einfühlung wird dabei nicht nur als eine Voraussetzung für das Wahrnehmen unbewußter Prozesse im anderen verstanden, sondern als eigenständige Methode des Gewinnens unbewußter Daten; also eine Methode der Daten-Gewinnung, analog den Methoden der Datengewinnung in der Psychologie. Das bedeutet eine besondere Wahrnehmungsfähigkeit gegenüber unbewußten Prozessen, wie sie im anderen ablaufen; eine besondere Fähigkeit, auf unbewußte Angebote, Bedürfnisse, Affekte und so weiter des anderen in optimaler Resonanzfähigkeit zu reagieren („responsiveness").

Die Fähigkeit zur Spiegelung besteht darin, die oben genannten elementaren Bedürfnisse des anderen nicht nur im ersten Schritt zu erfassen und im zweiten Schritt darauf gefühlsmäßig zu reagieren, sondern sie im dritten Schritt dem anderen gegenüber zurückzugeben oder zurückzuspiegeln. Es gibt viele Menschen, die in ihrer Kindheit und Jugend derartige Spiegelungs-Erfahrungen vermißt haben. Sie erwarten dann, wiederum enttäuscht zu werden, und erfahren es im allgemeinen als eine große Genugtuung, wenn ihre elementaren Bedürfnisse endlich ernst genommen und richtig verstanden werden.

Die Fähigkeit, die berechtigten Bedürfnisse nach Idealisierung zu befriedigen, bezieht sich darauf, daß wir die Ideale eines Menschen als etwas Wertvolles respektieren sowie Verständnis dafür haben, wenn sie in der Realität nicht verwirklicht sind, und daß wir den Schmerz darüber, sie nicht verwirklicht zu haben, verständnisvoll teilen.

Die Selbstpsychologie steht übrigens ganz im Einklang mit Ergebnissen der modernen Säuglingsforschung (Stern 1985, 1995; Köhler 1990; Dornes 1993). *Dabei tritt an die Stelle der dualistischen Triebtheorie Freuds ein vier-gliedriges Motivations-System* (Lichtenberg 1989): Es umfaßt:

1. elementare Bedürfnisse nach Versorgung physiologischer Funktionen wie Schlafen und Wachsein, Essen und Trinken sowie Ausscheiden,
2. nicht weniger elementare Bedürfnisse nach Zuwendung (attachment), Bindung und Zugehörigkeit (affiliation),
3. Exploration und Selbstbehauptung, verbunden mit einem Schuß ursprünglicher Aggressivität in einem konstruktiven Sinne, und
4. die bekannten sexuellen Motive, bereichert durch ein davon getrennt gesehenes Motivationssystem von „sensuality" im Sinne von Bedürfnissen nach Zärtlichkeit, Wärme und Streicheln. Das Ziel der Befriedigung des sensuellen Motivationssystems ist Beruhigung; im Gegensatz zu den sexuellen Motiven, deren Ziel Erregung ist.

Bei dem von Lichtenberg beschriebenen 5. Motivationssystem der Aversion handelt es sich meines Erachtens nicht um ein primäres Motivationssystem, sondern um eine sekundäre Reaktion auf traumatische Frustrationen der genannten vier elementaren Bedürfnisse (Lichtenberg 1992).

Für eine optimale Entwicklung des Selbst sind sogenannte Selbstobjekte von fundamentaler Bedeutung: Dies sind nicht die Objekte, von denen wir in der Psychoanalyse sprechen, wenn wir jemand „objektal" lieben und hassen. Zu den Selbstobjekten stehen wir in einer „narzißtischen" Beziehung. Sie sind für unser Selbstwertgefühl und für unser Wohlbefinden wichtig. Kohuts Beitrag zur Psychoanalyse ist insofern weniger eine „Selbst-Theorie", vielmehr eine „Selbstobjekt-Theorie" (Basch 1995). Sie gelangt dadurch zu einem um die narzißtische Dimension erweiterten Verständnis von Übertragung und Gegenübertragung. Darin spielen für uns andere Menschen die ganz spezifische Rolle, daß sie zu unserem Selbstwertgefühl und Wohlbefinden beitragen. Selbstobjekt-Erleben ist diejenige „Dimension unseres Erlebens eines Mitmenschen, die mit dessen Funktion als Stütze unseres Selbst verbunden ist (Milch u. Hartmann 1996, S. 4).

Es müssen nicht immer Menschen sein, die für uns eine Selbstobjekt-Funktion übernehmen. Auch die Natur kann wie ein Selbstobjekt fungieren; denken wir nur an Goethe („Wie herrlich leuchtet mir die Natur! Wie glänzt die Sonne, wie lacht die Flur!") oder an Hölderlin (An die Natur, Der Main, Der Neckar, Heidelberg, Die Heimat). Nicht weniger wichtig für das Wohlbefinden sind für viele Menschen Erfahrungen der Kultur: eine uns heiter stimmende Musik von Mozart, das Versinken in einem Bild von Cézanne oder Renoir.

Mit den genannten selbstpsychologischen Konzepten vertraut, können wir nunmehr versuchen, diese auf unser Thema „Altern" anzuwenden.

Altern in selbstpsychologischer Sicht

Jetzt komme ich auf die eingangs von Radebold genannten acht Aufgaben des Alterns zurück. Sie enthalten alle eine spezifisch narzißtische oder selbstpsychologische Komponente, und zwar insofern, als sie mit unvermeidlichen narzißtischen Kränkungen verbunden sind. Die Selbstpsychologie betont dabei weniger die aktive Seite dessen, was wir wünschen und tun, wie die Trieb-Psychologie, sondern vielmehr die der Passivität und das, worunter wir leiden, wenn wir nicht Täter, sondern Opfer der Verhältnisse sind.

Die erste Aufgabe lautet, auf den „sich verändernden eigenen Körper" zu reagieren:

Wir sind abhängig von unserer körperlichen Leistungsfähigkeit. Wenn uns etwas im Sport gelingt, sind wir stolz.

Wenn wir versagen, sind wir gekränkt, fühlen uns womöglich vor den anderen beschämt, gedemütigt. Viele Menschen haben ein gestörtes Verhältnis zu ihrem Körper, haben ein gestörtes Körperbild. Die „psychosomatische Triangulation" (KUTTER 1988) zwischen Körper, Selbst und Objekt ist nicht gelungen. Im Alter werden die vorhandenen Mängel deutlicher. Sie können aber selbstpsychologisch verstanden und benannt werden. Gerade wenn Körperfunktionen eingeschränkt sind, besteht die Chance, daß die gestörten Bereiche bewußt und auf den Wegen von Introspektion und Einfühlung integriert werden. Sport und Tanz sowie körperorientierte Behandlungsverfahren erleichtern dieses Ziel.

Die zweite Aufgabe betrifft die „libidinösen, aggressiven und narzißtischen Strebungen":

Das Älterwerden an sich ist eine „narzißtische Kränkung". Das mit dem Älterwerden unvermeidliche Nachlassen triebhafter Impulse schwächt unsere Taten, läßt uns eher passiv leiden und stellt eine zusätzliche spezielle narzißtische Kränkung dar.

Für einen Mann mag es die ungebrochene sexuelle Potenz sein, die ein kohäsives Selbst garantiert; für eine Frau mag es die Wirkung sein, die sie auf sie bewundernde Männer ausübt. Lassen diese sexuellen Fähigkeiten nach, dann drohen aus narzißtischer Kränkung Dekompensation oder Fragmentation des Selbst. Sie wollen daher bewältigt sein – durch Relativierung der Werte und Ziele. Die Befriedigung zärtlicher Bedürfnisse kann dabei als Teil des „sexuell-sensuellen Motivationssystems" (LICHTENBERG 1989) die Mängel im „sexuellen" Bereich kompensieren.

Im Hinblick auf aggressive Strebungen betont die Selbstpsychologie Neugier und Selbstbehauptung. Auch hier bleiben für den Älteren Kränkungen nicht aus, wenn Jüngere aktiver sind im Entdecken besserer Problemlösungen, wenn sie sich im Konkurrenzkampf besser behaupten. Die narzißtischen Strebungen beziehen sich auf die Wünsche nach Beachtet-, Geschätzt- und Geliebtwerden durch für uns wichtige Menschen (Selbstobjekte). Sie werden unweigerlich frustriert, wenn Ältere zum Beispiel nach dem Ausscheiden aus dem Arbeitsprozeß den gewohnten Aktionsradius verlieren und Einbußen an Ansehen erleiden.

Die dritte Aufgabe bezieht sich auf das „Gestalten der intragenerativen Beziehungen": Auch hier hebt die Selbstpsychologie auf die narzißtische Komponente ab. Wie wenig schmeichelhaft oder beschämend ist es, während der fälligen Rekapitulation der wichtigsten Stationen einer Paarbeziehung einsehen zu müssen, wo man gegenüber dem anderen in seiner Selbstobjekt-Funktion versagt hatte, zum Beispiel der Partnerin beziehungsweise dem Partner in der Not beizustehen, berechtigte Wünsche nach Beachtung zu erfüllen, elementare Bedürfnisse nach Schutz zu befriedigen. Derartige Einsichten erfordern schmerzliche Korrekturen im Selbst-Bild, die gerade deswegen, weil sie so narzißtisch kränkend sind, meist durch Verleugnung abgewehrt bleiben.

Die vierte Aufgabe fokussiert auf die „intergenerativen Beziehungen zwischen Eltern und Kindern":

Dabei geht es beim Älteren weniger um das, was uns die Psychoanalyse gelehrt hat, nämlich um die Wünsche und Ängste der Kinder gegenüber Mutter und Vater (Ödipus-Komplex), sondern um das, was wir als Eltern, in der Position des Laios oder der Jokaste, gegenüber den eigenen Kindern an guten Taten versäumten oder gar an Schädigungen zufügten; ein Aspekt, den wir gerade wegen der damit unweigerlich wieder verbundenen Kränkung für unser Selbstwertgefühl gerne ausblenden (Laios- bzw. Jokaste-Komplex). Seltene Ausnahmen sind Bekenntnisse von Müttern, die ihr Kind ablehnten, wenn es schon nicht töten wollten (VAN DEUN u. KUTTER 1992). Hier hat der unerschrockene Dialog zwischen Mutter und Tochter zu einer bemerkenswerten Versöhnung geführt, die alte Arretierungen löste und neue Entwicklungsmöglichkeiten eröffnete.

Erinnern ist wichtig, um unbewußte Wiederholungen zu vermeiden. Ständiges Konfrontieren mit irreparablem schuldhaften Verhalten kann aber auch unendlich erniedrigen und kränken. Was für ganze Völker zutreffen mag, kann in Ehe und Familie einen einmal schuldig gewordenen Menschen schwer belasten und in seinem ganzen Leben ständig behindern; auch wenn er längst ein anderer geworden ist. Der Verzicht auf Rache und Strafe und eine versöhnliche Haltung kann dagegen befreien und dem Zusammenleben neue Lebensqualität verleihen.

Die fünfte Aufgabe betont das „Sich-Stabilisieren durch Beruf und Interessen“:

Auch hier kann die Selbstpsychologie wichtige Aspekte beisteuern: Berufliche Erfolge heben unser Selbstwertgefühl, Mißerfolge kränken und deprimieren uns. Ältere müssen schmerzlich zur Kenntnis nehmen, daß Jüngere schneller sind und produktiver. Nach der Pensionierung fällt die tägliche narzißtische Befriedigung im Beruf weg und hinterläßt eine schmerzliche Leere, die mühsam mit neuen Möglichkeiten der Befriedigung gefüllt werden will. Dazu kommt, daß wegen der beruflichen Tätigkeit unerledigt gebliebene Konflikte plötzlich aufbrechen und das narzißtische Gleichgewicht bedrohen. Ältere werden jetzt gezwungen, zwischen den Aktiva des Berufs- und den Passiva des privaten Lebens Bilanz zu ziehen. Auch dabei bleiben kränkende Einsichten nicht aus. Was wurde alles zugunsten des Berufs an privaten Lebensmöglichkeiten versäumt oder geopfert?

Die sechste Aufgabe beinhaltet das „Erhalten der sozialen Sicherheit und Versorgung“:

Wie kränkend ist es, wenn die soziale Sicherheit durch Arbeitslosigkeit bedroht oder verloren wird; wenn man womöglich auf Sozialhilfe angewiesen ist. In selbstpsychologischer Sicht denken wir dabei nicht nur an die erforderlichen materiellen Voraussetzungen für ein gesichertes Alter, sondern auch an ideelle wie religiöse Sicherheiten. Im Rahmen von Forschungsprojekten über „psychoanalytische Kurztherapie bei Herzinfarkt beziehungsweise Brustkrebs“ stellten wir (Giesler et al. 1996) fest, daß für überraschend viele Patientinnen neben Sinnsuche im Leben ein religiöser Rückhalt wichtig wird. Was für Zeiten schwerer Erkrankung gilt, trifft im Alter generell zu. Andere Ältere finden ihren Rückhalt in sozialen Beziehungen, im Freundeskreis (Stammtisch, Kaffeekränzchen, Verein, politische Ortsgruppe). Ehrenämter können für „Vereinsmeier" den Verlust beruflicher Macht kompensieren und ein kohäsives Selbst aufrechterhalten. Weitere Kompensationsmöglichkeiten bieten Reisen, Aktivitäten in Volkshochschule und Universität des dritten Lebensalters (nach Jugend und Beruf). Sie können helfen, die eigene Lebenssituation zu erhellen, Denkprozesse anzustoßen, sich neu zu orientieren und Selbsterkenntnis zu fördern. Sie bieten außerdem mannigfache Kontakte, nicht nur mit Altersgenossen, sondern auch mit Jüngeren. So wird effektiv Einsamkeit verhütet. Sogar Depressionen können durch Kontakte, zum Beispiel an der Universität des „dritten" Lebensalters (nach 1. vorberuflicher Zeit und 2. Beruf), „heilen" (Kutter 1985). Nicht weniger hilfreich können sein: künstlerische Aktivitäten jeder Art, wie etwa Malen, Musizieren oder Tanzen (Paartanz, Folklore, Ausdruckstanz).

Die siebte Aufgabe dreht sich um das „Erhalten der eigenen Identität":

Was damit gemeint ist, definiert Erikson (1966, S. 124) als ein „dauerndes inneres Sich-Selbst-Gleichsein wie ein dauerndes Teilhaben an bestimmten gruppenspezifischen Charakterzügen". Ohne auf die schwierigen Abgrenzungen zwischen Selbst, Identität und Rolle einzugehen, möchte ich aus selbstpsychologischer Sicht nur soviel sagen, daß Kohuts Selbst-Konzept tieferliegende Strukturen meint, die unseren innersten Kern betreffen und die unsere ureigensten Werte ausmachen. In unserem Leben wollen wir uns selbst treu sein und werden uns selbst oft genug zugunsten anderer Werte untreu. Im Alter wird uns dies bewußt, was wiederum mit einer narzißtischen Kränkung verbunden ist. Wir wollen mit uns selbst ins Reine kommen, sowohl in der Beziehung zu uns selbst wie in der Beziehung zu anderen. Aus dem größeren zeitlichen Abstand schauen wir zurück und rekapitulieren wichtige Stationen unseres Lebens. Wir denken an Situationen, in denen wir uns selbst und anderen wichtigen Menschen untreu geworden sind. Ungelöst gebliebene Probleme des früheren Lebens (aus Kindheit, Jugend, frühem und mittlerem Erwachsenenalter) kommen nach dem Verlust der täglichen Arbeit und der damit verbundenen Neu-

Strukturierung des Alltags wieder ins Bewußtsein. Sie fordern unerbittlich Problemanalyse und Lösungsverhalten, wie es etwa im Freiburger Fragebogen zur Krankheitsbewältigung (MUTHNY 1988) in charakteristischen Items erfaßt ist („Ich habe versucht, mehr über meine Situation herauszufinden. Ich habe verschiedene Möglichkeiten überlegt, um mit dem Problem fertig zu werden. Ich habe versucht, zu verstehen, was da auf mich zukam").

Liegengebliebene alte Rechnungen werden aufgerollt, können diskutiert und neu bewertet werden. Narzißtische Kränkungen sind wiederum unvermeidlich, wenn bislang ungefragt funktionierende Abwehrmechanismen wie Spaltung, Idealisierung und Projektion unter dem Druck des Alterungsprozesses zusammenbrechen. Manche Jugendtorheit kann aber auch relativiert, in milderes Licht des Alters getaucht und endlich in das realistischer gesehene Selbstbild integriert werden.

Die achte Aufgabe ist die schwerste: „Das Einstellen auf die sich verändernde Zeitperspektive sowie auf Sterben und Tod":

Unter der begrenzten Zeit wächst der Druck auf das Selbst unaufhörlich, besonders wenn unerwartete Krankheiten und Gebrechen an Sterben und Tod gemahnen. Korrekturen des Selbstbildes sind immer weniger möglich. Versäumtes kann immer weniger nachgeholt werden. Der Blick geht zwangsläufig zurück aufs eigene Leben: Nicht bewältigte Traumatisierungen, in denen wir selbst als Opfer geschädigt worden sind, werden ebenso wieder lebendig wie unsere Taten und Untaten, in denen wir in durchaus gesunder Selbsterhaltung andere direkt schädigten oder zumindest indirekt benachteiligt haben.

Da das Unbewußte zeitlos ist und immer aktiv, wecken gegenwärtige Traumatisierungen unweigerlich alte, unverarbeitet gebliebene schmerzliche Erfahrungen der Vergangenheit. Altersbedingte Defizite in der Befriedigung elementarer Bedürfnisse rühren unvermeidlich an alte, längst überwunden geglaubte frühere Defizite durch die Frustration berechtigter Bedürfnisse nach Beachtung, Spiegelung, nach gemeinsam geteiltem Erleben. Alte unverarbeitet gebliebene Kränkungen, Traumatisierungen und Defizite werden wiederbelebt und wollen ihrerseits, zusätzlich zu den ohnehin schon bestehenden neuen, bewältigt und verarbeitet werden. Werden sie bewußt und können sie, wie beispielsweise während einer Psychoanalyse, in Gespräche eingebracht werden, dann besteht dazu eine letzte Chance zu Korrektur, Neubewertung und Integration ins angeschlagene Selbstbild (KUTTER 1996). Die schmerzliche Einsicht in die Unwiederholbarkeit wichtiger Lebensabschnitte, die etwa wegen innerer oder äußerer Hindernisse in der Adoleszenz nicht gelebt werden konnten, erfordert dabei intensive „Trauerarbeit" (FREUD 1916), wie sie für das gesamte menschliche Leben als „Trauer- und Befreiungsprozeß" besonders POLLOCK (1989) herausgestellt hat. Selten kann Versäumtes nachgeholt werden; wenn, dann ist dies besonders beglückend.

Die Trauerarbeit bezieht sich nicht nur auf andere Menschen, die wir verloren haben und im Alter immer häufiger verlieren. Wir verlieren auch uns selbst. LINDEMANN (1985) hat uns am Beispiel des eigenen Sterbens gezeigt, wie wichtig es dabei ist, sich selbst loslassen zu können. Das Selbst wird immer weniger wichtig. Wir relativieren, werden anspruchsloser, sind mit weniger zufrieden und sehen die unscheinbaren Blumen am Wege. Im Tao oder Zen des Ostens geht das Selbst in der Natur oder im Kosmos auf, werden wir im wahrsten Sinne des Wortes: selbstlos, selbstvergessen.

In einem gelingenden Alterungsprozeß lernen wir, uns an dem zu erfreuen, was gut ist, und uns nicht über das zu ereifern, was schlecht ist. Wir lernen, die eine Hälfte des halbvollen Glases zu schätzen, und beklagen nicht mehr die fehlende Hälfte. Gelassenheit kehrt ein, die Quelle für Kreativität und Altersweisheit werden kann, die zumindest für Ruhe sorgt.

Die Selbstpsychologie betont abschließend besonders die Frage nach dem Sinn des Lebens. Sie fragt, warum etwas für mich *selbst* gut sein kann; zum Beispiel ein plötzlicher Schicksalsschlag, der Verlust eines für mich wichtigen Menschen, eine Enttäuschung, eine Krankheit. Die dazu gehörenden Items in MUTHNYS Fragebogen lauten:

„Ich habe mir klar gemacht, daß meine Krankheit einen höheren Sinn hat, auch wenn ich ihn jetzt vielleicht noch nicht verstehe."

„Ich habe versucht, die Krankheit als Chance zu sehen; als eine Prüfung, die ich bestehen muß."

„Durch die Krankheit habe ich zu mir *selbst* gefunden."

Selbstfindung und Sinnfindung mildern insofern die narzißtischen Kränkungen durch Altern und unausweichlichen Tod.

Literatur

BASCH, M. F. (1995): Kohut's Contribution. Psychoanalytic Dialogues 5, 3: 367–374.

DORNES, M. (1993): Der kompetente Säugling. Die präverbale Entwicklung des Menschen. Fischer, Frankfurt a.M.

ERIKSON, E. H. (1966): Identität und Lebenszyklus. Suhrkamp, Frankfurt a.M.

FREUD, S. (1915): Triebe und Triebschicksale. G. W., Band X, S. 209–232.

FREUD, S. (1916): Trauer und Melancholie. G. W., Band X, S. 427–446.

GIESLER, J. M.; THUMS, D.; LORENZ, S.; KUTTER, P. (1996): Psychoanalytische Kurztherapie für Patientinnen mit Mamma-Carcinom – Forschung, Behandlungsmethode, Kasuistik. Jahrbuch der Psychoonkologie. Springer, Wien. Im Druck.

KÖHLER, L. (1990): Neuere Ergebnisse der Kleinkindforschung: Ihre Bedeutung für die Psychoanalyse. Forum der Psychoanalyse 6: 32–51.

KOHUT, H. (1973): Narzißmus. Eine Theorie der psychoanalytischen Behandlung narzißtischer Persönlichkeitsstörungen. Suhrkamp, Frankfurt a.M.

KUTTER, P. (1985): Heilung durch Bildung. Erste Erfahrungen eines Psychoanalytikers an der Universität des 3. Lebensalters. Forum. Berichte aus der gerontologischen Forschung an der J. W. Goethe-Universität, Heft 1, S. 4–5.

Kutter, P. (1988): Phantasie und Realität bei psychosomatischen Störungen. Psychosomatische Triangulation, Basis-Konflikt und der Kampf um den Körper. Praxis d. Psychotherapie u. Psychosomatik 33: 225–232.

Kutter, P. (1996): Wiederbelebung, Korrektur und Integration der Adoleszenz im dritten Lebensalter. Aus der Psychoanalyse zweier Männer über 60. Psychosozial. Im Druck.

Lichtenberg, J. D. (1989): Psychoanalysis and Motivation. The Analytic Press, Hillsdale, N.J.

Lichtenberg, J. D. (1992): Haß im Verständnis der Selbstpsychologie. Ein motivationssystemischer Ansatz. In: Schöttler, C.; Kutter, P. (Hg.), Sexualität und Aggression in der Selbstpsychologie. Suhrkamp, Frankfurt a.M., S. 48–76.

Lindemann, E. (1985): Reaktionen auf die eigene unheilbare Krankheit. In: Kutter, P. (Hg.), Jenseits von Trauer. Beiträge zur Krisenbewältigung und Krankheitsvorbeugung. Vandenhoeck & Ruprecht, Göttingen, S. 183–194.

Milch, W. E.; Hartmann, H.-P. (1996): Zum gegenwärtigen Stand der psychoanalytischen Selbstpsychologie. Psychotherapeut 41: 1–12.

Muthny, F. A. (1988): Freiburger Fragebogen zur Krankheitsverarbeitung. Manual. Beltz, Weinheim.

Pollock, G. H. (1989): The Mourning-Liberation Process. Vol. 1 u. 2. Int. Univ. Press, New York.

Radebold, H. (1992): Psychodynamik und Psychotherapie Älterer. Springer, Berlin.

Stern, D. (1985): The Interpersonal World of the Infant. A View from Psychoanalysis and Developmental Psychology. Basic Books, New York.

Stern, D. (1995): Motherhood. A Modern View of Mother-Child-Psychotherapy. Basic Books, New York.

van Deun, U.; Kutter, P. (1992): Ich hab' dich nicht gewollt, mein Kind. Eine schwierige Liebe zwischen Mutter und Kind. Rowohlt, Reinbek.

Wolf, E. S. (1988): Treating the Self. Elements of Clinical Self Psychology. The Guilford Press, New York.

Wolf, E. S. (1995): Die Selbstpsychologie und das alternde Selbst im Lebenszyklus. Vortrag auf dem 4. Internationalen Selbstpsychologie-Symposium. Das Selbst im Lebenszyklus. Dreieich, 15.– 18. Juni 1995.

Martin Teising

Altern – eine Herausforderung an den Narzißmus

Summary: Aging – a Challenge to Narcissism

The myth of narcissus deals with his incompetence to grow older. Narcissus is unable to come into contact and to enter into relation with objects. That is why he has to die as a young man, he can not live any longer, he can not become older.

The process of aging is interpreted as a challenge to narcissism. Narcissistic mortifications of different qualities have to be mastered. The psychic reality of object relations is an important condition to be able to grow older contently.

Die Altersthematik im Narziß-Mythos

Der Narzißmythos beschäftigt sich mit dem Altern. Die bekannteste Fassung schrieb Ovid um die Zeit von Christi Geburt. Während Ovids Narziß sein eigenes Spiegelbild liebt und sich selbst tötet, stirbt in einer älteren Version seine Zwillingsschwester. In einer noch früheren Fassung wird Narziß von einem verschmähten Liebhaber getötet. Ovids Narziß ist zum Liebenden und Geliebten zugleich geworden, Tötender und Getöteter, Subjekt und Objekt in einer Person. Die uns vertraute Ovidsche Fassung ist die „narzißtischste" (Spotnitz u. Resnikoff 1954).

Wie bei Ödipus wird das Schicksal des Narziß durch die Beziehung seiner Eltern geprägt. Er hat einen Vater, der unsterblich ist und somit auch nicht altert, denn er ist ein Gott, der Flußgott Kephisos. Er hält sich an keine irdischen Gesetze und vergewaltigt seine Tochter, die Nymphe Leiriope. Dabei zeugt er Narziß. Eine Nymphe ist eine Halbgöttin, die nicht ewig, aber doch noch neun mal so lange lebt wie ein Mensch. Sie altert nach menschlichen Maßstäben also sehr langsam. Wer sie zu Gesicht bekommt, verfällt ihr sofort, eine schwere Belastung für einen so schönen Sohn wie Narziß, der sich nicht von ihr lösen kann. Er kann sich nicht weiterentwickeln und folglich nicht altern. Narziß ist weder göttlich wie sein Vater noch halbgöttlich wie seine Mutter, er ist menschlich und verfügt im Unterschied zu den Göttern über die selbstreflexive Fähigkeit, sich selbst erkennen zu können. Als Mensch altert er, hat aber kein Vorbild für diesen Entwicklungsprozeß. An der menschlichen Fähigkeit zur Selbsterkenntnis wird er scheitern.

Leiriope befragt Theiresias nach der Zukunft ihres neugeborenen Sohnes. Der blinde Seher sagt voraus, daß Narziß sehr alt werden kann, aber nur unter der Bedingung, daß er sich nicht selbst erkennt. Das bedeutet, daß er keinen wirklichen Kontakt mit anderen Menschen haben darf, denn in ihnen würde er sich erkennen. Er muß Beziehungen meiden und darf auch nicht zur Kenntnis nehmen, daß er zu zwischenmenschlichen Beziehungen nicht in der Lage ist. Das wäre eine Selbsterkenntnis; ihr wird Narziß nicht ausweichen können.

„Mit 16 Jahren bereits wies er herzlos die Liebe von Männern und Frauen zurück, er war von trotzigem Stolz auf seine eigene Schönheit erfüllt ... Auch die Nymphe Echo verliebte sich in ihn. Echo war mit dem Verlust ihrer Sprache bestraft worden – sie konnte nur die Rufe anderer nachschwätzen ... Eines Tages ging Narziß zur Hirschjagd. Echo folgte ihm leise durch den weglosen Forst und wollte mit ihm sprechen. Sie konnte aber das Gespräch nicht selbst beginnen. Endlich rief Narziß, als er sich verirrt hatte: ‚Ist jemand hier?‘ – ‚Hier!‘ antwortete Echo zur Verwunderung des Narziß, da er niemanden sehen konnte. ‚Komm!‘– ‚Komm!‘ –‚Warum meidest Du mich?‘ ‚Warum meidest Du mich?‘ ‚Laß uns hier zusammenkommen!‘ –‚Laß uns hier zusammenkommen!‘ wiederholte Echo und rannte voller Freude aus ihrem Versteck, um

Narziß zu umarmen. Roh schüttelte er sie von sich und lief davon. ‚Ich würde eher sterben, als mit Dir liegen!‘ rief er. ‚Mit dir liegen!‘ flehte Echo. Doch Narziß war bereits fortgegangen und sie verbrachte den Rest ihres Lebens in einsamen Schluchten“ (nach Ranke-Graves 1960, S. 259 ff.).

Der Anstoß zu dieser Begegnung geht von Echo aus, die sich dem 16jährigen Knaben sexuell nähert. Echo gelingt es immerhin, in Narziß etwas zu bewegen, ihn zu verwundern, mehr aber kann er nicht zulassen, er muß sie abschütteln. „Ich würde eher sterben, als mit Dir liegen.“ Narziß weiß um sein Verhängnis, in der Sexualität würde er sich erkennen. Ihre Annäherung hat für ihn den gleichen übergriffig-vergewaltigenden Charakter, wie die ihn zeugende Begegnung zwischen seinen Eltern (Hannan 1992).

Die Begegnung mit Echo scheint in Narziß aber doch etwas bewirkt, den Kern seiner Existenz berührt zu haben und damit zu einer tödlichen Selbsterkenntnis zu führen. Die Parallelität des biblischen Schöpfungsmythos drängt sich auf, auch Narziß begibt sich jetzt an einen paradiesischen Ort. „Narziß fand eine Quelle, klar wie Silber. Noch nie war sie von Vieh, Vögeln, wilden Tieren oder selbst von den fallenden Zweigen der Bäume, die sie beschatteten, gestört worden.“ Eine unberührte, von Objekten nicht infizierte Gegend, die Narziß hier findet, eine paradiesische Welt. Sich an diesem Ort zu lieben, oder aus dieser Quelle zu trinken, war ein Frevel. Über die Reinheit der Quellen wachten die Nymphen (Orlowsky u. Orlowsky 1992, S. 46 ff.). Die Quelle zieht Narziß in ihren Bann, sie spiegelt ihn und wird verhindern, daß er „die weit entfernte Zeit des hohen Alters“, so Theiresias Formulierung, sehen kann.

Narziß hält sich an der Quelle, bei seiner Mutter auf, ist in deren inzestuösem Bann gefangen. Ihn überkommt das Begehren, vielleicht wie einst seinen Vater. Er entdeckt ein Objekt, allerdings ein virtuelles, sein Spiegelbild. Er begehrt es, so wie er zuvor begehrt wurde. Dann erkennt er sich selbst in dem Begehren, kann aber von seinem Spiegelbild nicht genug lebenserhaltende Liebe bekommen. Diese tragische Selbsterkenntnis treibt ihn in den Tod. „Er warf sich erschöpft nieder. Er verliebte sich in sein eigenes Spiegelbild. Zuerst versuchte er, den schönen Knaben, den er im Wasser vor sich sah, zu umarmen und zu küssen. Aber bald erkannte er sich selbst [" iste ego sum", „dies bin ich" – heißt es bei Ovid], lag da und schaute Stunde um Stunde verzückt auf das Wasser. Wie konnte er es ertragen, seine Liebe zu besitzen und doch nicht zu besitzen? Kummer quälte ihn endlos, doch er erfreute sich an der Qual" (Ranke-Graves 1960, S. 260). Schließlich schlug er „mit marmorgleichen Händen die nackte Brust. Die heftig geschlagene Brust wurde blutrot" (Orlowsky u. Orlowsky 1992, S. 75). Sein Blut tränkte die Erde und aus ihr entsprang die weiße Narzisse.

Im Altertum wurde die Narzisse auch Leirion genannt, nach Leiriope, der Mutter des Narziß. Die narkotisierende Wirkung des Öls der Narzisse betäubt und verhindert die Wahrnehmung der objektalen Welt, ebenso narkotisierend wirkt eine verführerische Mutter. Die Bezeichnung derselben Blume mit dem Namen des Sohnes, Narzisse, und mit dem der Mutter, Leirion, steht für die Ungetrenntheit der beiden, für ihre symbiotisch-narzißtische und gleichzeitig inzestuöse Einheit. Die Narzisse ist eine Pflanze, die feuchte Stellen bevorzugt. Sie gedeiht an Flußufern und Quellen, den Orten, an denen Narziß gezeugt wurde und starb, besonders gut. Sie kann sich sowohl asexuell als auch sexuell vermehren. Allein der asexuelle Modus, bei dem aus der Zwiebel neue Zwiebeln entstehen, war im Altertum bekannt. So zeugte Narziß auf asexuelle Weise die Pflanze, die seinen Namen trägt und die sehr schön ist, so wie er, aber giftig für die, die sich ihre Wurzel einverleiben (Spotnitz u. Resnikoff 1954).

Narziß' Leben endet jung. Die Erkenntnis des eigenen Spiegelbildes und die Erfahrung, die Liebe eines anderen nicht erlangen zu können, auf ihn aber existentiell angewiesen zu sein, gleicht der Selbsterkenntnis narzißtischer Einsamkeit und Isolation. Sie treibt in den Tod.

Narziß scheitert an der adoleszentären Entwicklungsaufgabe, sich aus der Herkunftsfamilie zu lösen und dem Fremden, außerfamiliären Objekten, zuzuwenden. Seine Geschlechtsidentität bleibt unterentwickelt, er kann mit Echos

Wünschen nicht umgehen. Narziß bleibt im Tode bei seiner Mutter, er stirbt an der Quelle. Sie läßt ihn nicht aus ihrer letztlich tödlichen Umschlingung, so wie sie seinerzeit von des Narziß Vater göttlich umschlungen, vergewaltigt wurde. Narziß ist kein Kind objektaler Liebe, sondern inzestuöser Vergewaltigung. Destruktive Gewalt ist die Basis der Beziehung, aus der er entstanden ist. Ein bei der Auflösung dieser tödlichen Bindung hilfreicher, triangulierender Dritter fehlt. Kephisos schwebt in göttlichen Sphären. Narziß kann sich somit auch nicht seiner ödipalen Rivalität stellen.

„Narziß ist umstellt von seinen Trieben, er wird verfolgt von seinen eigenen Projektionen, die ihm als die Triebe der anderen (Echo, Ameinios, Cephisos) entgegentreten ... Er sucht sich in seinem Vater und findet immer nur den mütterlichen Auftrag, sich vom Vater (Trieb) fernzuhalten. So wird er immer wieder auf sich selbst, als seine eigene schöne Oberfläche zurückgeworfen" (Reiche 1990, S. 68).

Narziß kommt nicht über sein 16. Jahr hinaus, er kann nicht altern.

Narzißmus in der psychoanalytischen Objektbeziehungstheorie

Das Erwachsenwerden und Altern des Menschen besteht in der Entfernung vom Narzißmus und gleichzeitig im permanenten Suchen danach, ihn wiederzugewinnen (Freud 1914). Es geht darum, die Begrenzung eigener Möglichkeiten und Fähigkeiten einerseits anzunehmen und andererseits dann doch immer wieder nach ihrer Überwindung zu streben. Freud hat einen primären Narzißmus als normale Entwicklungsstufe angenommen. Klein (1962), Balint 1968), Kernberg (1976), Henseler (1991) und andere haben überzeugend dargelegt, daß wir von Beginn des psychischen Lebens an in Objektbeziehungen existieren und daß ubiquitär vorhandene Phantasien mit ozeanischen, paradiesischen, allumfassenden, ungetrübten, reinen Inhalten Abwehrfunktion haben. Sie werden als primärnarzißtische

Phantasien bezeichnet und auch als Rudiment pränataler Erinnerungsspuren (GRUNBERGER 1991) verstanden.

Normaler Narzißmus findet auch im Streben nach einem stabilen Selbstwertgefühl seinen Ausdruck. Das Selbstwertgefühl hängt vom Lieben des Objektes und vom Geliebtwerden ab. Es hat drei Wurzeln:

1. Reste des primären kindlichen Narzißmus, der durch den Glanz im Auge der Mutter gespeist wird (HENSELER 1991).
2. Alltägliche Bestätigungen allmächtiger Phantasien, die erlebt werden, wenn das Ich mit dem Ideal-Ich, einem Derivat des kindlichen Narzißmus, übereinstimmt. Das Ich-Ideal entsteht aus dem kindlichen Größenwahn, es „erhebt sich aus der Selbstachtung des Ich“ (YORKE 1991).
3. Die Befriedigung der Objektlibido, wenn sie die Anforderungen des Über-Ich erfüllt.

Die erste Erfahrung mit dem Objekt aber ist schmerzende Enttäuschung und der auf ihr beruhende Haß. Er ist älter als die Liebe. Jedes Individuum kennt eine tiefe Sehnsucht nach erfüllender Sättigung durch Sicherheit, durch Fusion mit einer idealisierten Mutter. Diese Mutter ist eine Phantasie des primären Narzißmus. Sie löst aber gleichzeitig Angst vor vollständigem Aufgehen in diesem Objekt und totaler Annihilierung des Selbst aus. Es kann zu Abwehrreaktionen wie narzißtischem Rückzug kommen, in dessen Rahmen auch selbsterhaltende Aggression eingesetzt wird, die allerdings ihrerseits wiederum Ängste vor totalem Verlust der Mutter auslöst, der „universelle Kernkomplex“ (GLASSER 1991).

„Die große Sehnsucht der Menschheit, die Erde und das Weltall zu erforschen, auf den Meeren zu schwimmen und in der Luft zu fliegen“, so ARGELANDER, beruht auf „unbewußten, primär narzißtischen Phantasien“ (1971, S. 362). „Der Versuch, eine solche Phantasie zu verwirklichen (z. B. wie Jesus auf dem Wasser zu wandeln), würde zu einer Vernichtung der menschlichen Existenz führen, es sei denn, es handelt sich, wie bei der Beschreibung in der Bibel, um ein Wesen göttlicher Herkunft, das nicht den natürlichen menschlichen Gesetzen unterliegt. Aber auch in einem solchen Fall hat dieses Wesen in einem anderen Sinne seine natürliche menschliche Existenz verloren" (ARGELANDER 1971, S. 364).

Narziß, Sohn eines Gottes und einer Halbgöttin, konnte nicht Gott sein und nicht Mensch werden, das heißt auch, er konnte nicht ewig jung bleiben wie die Götter, und er konnte nicht altern und damit nicht leben wie die Menschen. Narzißtische Krisen entstehen, wenn sich die Erkenntnis der Unfähigkeit zur Liebe und zum Geliebtwerden einstellt. Sie drücken eine gestörte Beziehung zu Objekten aus.

Altern und die Befriedigung narzißtischer Bedürfnisse

Das Altern selbst dürfte die vorletzte und nicht auszugleichende große narzißtische Kränkung vor Sterben und Tod darstellen (RADEBOLD 1994).

„Wenn wir bedenken, daß einem im Laufe eines normalen Lebens die meisten narzißtischen Befriedigungen in der Jugend und im frühen Erwachsenenalter zuteil werden und daß das Individuum, selbst wenn es fast während des gesamten Erwachsenenlebens eine Kette narzißtischer Triumphe und Befriedigungen genossen hat, schließlich doch den grundlegenden Konflikten im Zusammenhang mit dem Altern, chronischer Krankheit, körperlichen und seelischen Einschränkungen und vor allem Trennungen, Verlusten und Einsamkeit ins Auge sehen muß, dann müssen wir zugeben, daß die schließliche Konfrontation des Größen-Selbst mit der zerbrechlichen, begrenzten, sterblichen Natur des Menschen letzten Endes unvermeidbar ist ... Die Fähigkeit, Trauerarbeit zu leisten, zu lieben, mit Gefühl und tiefer Befriedigung in der Identifizierung mit geliebten Menschen und bestimmten Werten zu empfinden, hängt ebenso wie das Gefühl der Transzendenz, der Kontinuität geschichtlicher Abläufe und der Zugehörigkeit zu einer umfassenderen sozialen oder kulturellen Gruppe wiederum aufs Engste mit der normalen Verfügbarkeit verinnerlichter Objektbeziehungen zusammen, auf die in Zeiten von Verlusten, Versagen und Einsamkeit zurückgegriffen werden kann" (KERNBERG 1978, S. 354f.).

Die im Alter üblicherweise zu bewältigenden Verluste betreffen neben körperlichen Phänomenen generative Funktionen, soziale Werte und die realen Objektbeziehungen. Wenn die Repräsentanzen der verlorenen Objekte überwiegend narzißtische Qualität hatten, lösen die Verluste Gefühle tiefer Hilf- und Hoffnungslosigkeit aus. Verluste werden dann so empfunden, als ob ein Teil des Selbst verloren oder zerstört ist, ohne die Chance zu sehen, Ersatz zu schaffen. Die narzißtische Belastbarkeit unterschiedlicher Art und psychosexueller Couleur wird im Prozeß des Alterns gewissermaßen abgeprüft. Es kann um Qualitäten wie das Akzeptiertsein und Versorgtwerden gehen, um Wert- und Machtvorstellungen oder um Probleme hinsichtlich der psychosexuellen Identität. Diese Problembereiche treten typischerweise im Verlauf des Älterwerdens in chronologischer Reihenfolge in den Vordergrund, und zwar reziprok zur frühkindlichen Entwicklung. Während des Alters wird zuerst die psychosexuelle Identität in Frage gestellt. Mit dem Ausscheiden aus dem Berufsleben zum Beispiel, wenn Kinder das Elternhaus verlassen, wenn eigene Eltern sterben, muß das Verhältnis zu Wert und Macht neu bestimmt werden. Die Bewältigung solcher Fragen gehört zum Altwerden. Das Gefühl der Geborgenheit, das Urvertrauen, wird in einer Zeit geprägt, in der der Säugling doch völlig von seiner Umgebung abhängig ist.

Das hohe Alter kann mit Abhängigkeit, manchmal in Form von Pflegebedürftigkeit, konfrontieren. Insbesondere Menschen mit einer narzißtischen Problematik erleben die Abhängigkeit von anderen als bedrohlich. Das ganze Leben wurde Unabhängigkeit und Selbständigkeit angestrebt, jetzt wird der alte pflegeabhängige Mensch mit einer Grundbedingung menschlicher Existenz überhaupt, nämlich der Abhängigkeit von anderen, unerbittlich konfrontiert, eine unumgängliche Tatsache, der wir lebenslang zu entkommen suchen. Je mehr dadurch die narzißtische Stabilität bedroht ist, desto eher werden unreife Abwehrmechanismen, und als solche sind auch primärnarzißtische Phantasien zu verstehen, angewandt. Eine solche Abwehrfunktion besteht zum

Beispiel in narzißtischem Rückzug, der sich unter anderem in Phänomenen manifestiert, die den Anschein haben, als sollte die Zeit festgehalten werden, so zum Beispiel im Gespräch durch

- ständiges Wiederholen von Vergangenem,
- durch Idealisierung der Kindheit,
- durch Einschließen in eine Phantasiewelt (Bianchi 1995).

Das Konzept der bimodalen Objektwahrnehmung (Erlich u. Blatt 1990) ist für das Verständnis der alternden, narzißtisch geprägten Objektbeziehung interessant. Bei der narzißtischen Objektwahl erlebt das Ich das Objekt in einem Zustand des Seins, dessen, was es „war", „ist", „sein könnte" oder „gern wäre". Bei der Objektwahl nach dem Anlehnungstyp hingegen werde das Objekt im Zustand des „Tuns" wahrgenommen, was zum Erleben aktiven, wechselseitigen Austausches führt. Bei der narzißtischen Objektwahl geht es also um das Sein im Sinne einer Statik, bei der Objektwahl nach dem Anlehnungstyp um dynamische Bewegung und Begegnung mit dem Objekt.

Wenn alt gewordene Menschen sich von dem idealisierten Zustand eines Objektes abhängig gemacht haben, wird dieser Zustand fortwährend und endlos gewünscht. Die Zeit muß stillstehen, Grenzen oder Einschränkungen der Realität werden vernachlässigt. Altern ist nicht möglich und muß, solange es eben geht, verleugnet werden. Abhängigkeit ist also Kennzeichen der frühesten Kindheit und des hohen Lebensalters, in dem die Abhängigkeitsproblematik häufig aktualisiert wird, wenn es zum Beispiel um so elementare Bedürfnisse wie Fortbewegung und Ernährung geht.

Die zu bewältigenden Verluste an körperlicher Leistungsfähigkeit, generativen Funktionen oder sozialen Werten – wie Arbeit, Einkommen und Wohnung – oder des Partners und so weiter können, wenn sie die Qualität narzißtischer Objekte hatten, Gefühle von Unglück, Hilflosigkeit und Hoffnungslosigkeit auslösen und die Entscheidungs- und Handlungsfreiheit einengen. Es entsteht das Gefühl, daß ein Teil des Selbst verloren oder zerstört ist, ohne die Chance zu sehen, Ersatz zu schaffen. Es kann zum Zusammenbruch der Ich-Funktionen und zur pathologischen Regression mit eingeschränkten Fähigkeiten der Realitätsprüfung kommen (Teising 1992).

Von besonderer Bedeutung ist der sich verändernde Körper, genauer das Körperselbst oder das Körperbild. Es muß ständig „übermalt" werden (Thomä 1992). Körperlich quälende Beschwerden können die Fähigkeit zur libidinösen Objektbesetzung, wie Freud (1914) etwas salopp formulierte, „verscheuchen". Er zitiert Wilhelm Busch (Balduin Bählamm, Kapitel VIII), der einen unter Zahnschmerzen leidenden Zeitgenossen karikierte: „Einzig in der engen Höhle des Backenzahnes weilt die Seele."

Kulturelle Einflüsse auf die narzißtische Altersproblematik

Unsere Kultur ist gekennzeichnet von gesellschaftlicher Disqualifikation Älterer. Die defizitäre Bewertung, die dem Alter zuteil wird, rückt den Zerfall des Körpers sowie die Abnahme körperlicher und geistiger Funktionen in den Fokus des gesellschaftlichen Spiegels – oder akustisch ausgedrückt: des Echos. Gespiegelt und idealisiert zu werden, das sind nach Kohut (1979) narzißtische Grundbedürfnisse schon eines jeden Kindes. Sie werden bei unseren kulturellen Bedingungen bei alten Menschen immer weniger befriedigt. Der Glanz im Auge der Mutter, das heißt die Größenphantasien spiegelnden und idealisierenden Reaktionen der Umwelt sind ein wichtiger Grundbaustein für die Gestaltung narzißtischer Phantasien. Die Abhängigkeit von Selbstobjekten kann in der Entwicklung in der Regel allmählich aufgegeben werden, bei starker Belastung, wie zum Beispiel Verlusten im Alter, kann es „zu Regressionen kommen, während derer das Selbst fragmentiert oder zu fragmentieren droht" (Köhler 1978, S. 1022).

„Das Selbst hat das imperative Bedürfnis, eine kohäsive Struktur zu bilden und zu erhalten. Struktur bedeutet Stabilität in der

Zeit. Diese Stabilität kann plötzlich oder langsam verloren gehen, dann entstehen die quälenden Wahrnehmungen, denen das Individuum sich zu entziehen sucht" (Milch u. Putzke 1994, S. 55).

Alte erzeugen anders als Kleinkinder in der Regel nicht mehr so leicht den Glanz in unseren Augen, der für die Entwicklung des Selbstwertgefühls im Kindesalter so wichtig ist. Fehlt das spiegelnde, idealisierende Echo der Umwelt völlig, kommt das Gefühl von Leere auf, das unerträglich werden kann. Ein letzter Versuch, die Konfrontation mit der subjektiv erlebten Realität zu meiden, sind häufig narzißtische Phantasien, die suizidalen Absichten und Handlungen zugrunde liegen.

Narzißtische Kränkungen im Verlauf des Alterns können aber auch Sublimierungsleistungen bewirken. Einen solch gelungenen Umgang mit einem körperlichen Symptom des Älterwerdens können wir einem Traum entnehmen, in dem Freud sich mit seinen Widerständen gegen die Veröffentlichung seines Buches „Die Traumdeutung" befaßt. Freud träumt: „Der alte Brücke [sein verehrter früherer Chef und Leiter des physiologischen Institutes] muß mir irgendeine Aufgabe gestellt haben; sonderbar genug bezieht sie sich auf Präparationen meines eigenen Untergestells, Becken und Beine, das ich vor mir sehe, wie im Seziersaal, doch ohne den Mangel an Körper zu spüren, auch ohne Spur von Grauen ..." (Freud 1900, S. 436). Freud deutet wie folgt:

> „Die Präparation bedeutet die Selbstanalyse, die ich gleichsam durch die Veröffentlichung des Traumbuchs vollziehe, die mir in Wirklichkeit so peinlich war, daß ich den Druck des bereits liegenden Manuskriptes mehr als ein Jahr aufgeschoben habe. Es regt sich nun der Wunsch, daß ich mich über diese abhaltende Empfindung hinaussetzen möge, darum verspüre ich im Traume kein Grauen. Das ‚Grauen' im anderen Sinne möchte ich auch gerne vermissen; es graut bei mir schon ordentlich und dies Grau der Haare mahnt mich gleichfalls nicht länger zurückzuhalten" (Freud 1900, S. 436).

Gemeint ist die Veröffentlichung seines Jahrhundertwerkes.

Literatur

ARGELANDER, H. (1971): Ein Versuch zur Neuformulierung des primären Narzißmus. Psyche 25: 358–373.

BALINT, M. (1968): The Basic Fault. Therapeutic Aspects of Regression. Tavistock, London.

BIANCHI, H. (1995): Psychoanalyse im späteren Lebensalter. In: JOVIC, N.; UCHTENHAGEN, A. (Hg.), Psychotherapie und Altern. Fachverlag AG, Zürich, S. 43–59.

ERLICH, H.S.; BLATT, S.H. (1990): Narzißmus und Objektliebe. Zur Metapsychologie des Erlebens. Psyche 44: 995- 1018.

FREUD, S. (1900): Traumdeutung. G.W., Bd. 5. Fischer, Frankfurt a.M. (1960).

FREUD, S. (1914): Zur Einführung des Narzißmus. G.W. Bd. 10. Fischer, Frankfurt a.M. (1960).

GLASSER, M. (1991): Probleme bei der Psychoanalyse gewisser narzißtischer Störungen. In: LUFT, H.; MAASS, G. (Hg.), Der psychoanalytische Prozeß. Geber & Reusch, Frankfurt a.M.

GRUNBERGER, B. (1991): Narcissism and the Analytic Situation. In: SANDLER, J.; PERSON, E.S.; FONAGY, P. (Hg.), Freud's „On Narcissism: An Introduction". Yale, New York.

HANNAN, M. (1992): A Psychoanalytic Interpretation of Ovid's Myth of Narcissus and Echo. Psychoanalytic Review 79: 555–575.

HENSELER, H. (1991): Narcissism as a form of relationship In: SANDLER, J.; PERSON, E.S.; FONAGY, P. (Hg.), Freud's „On Narcissism: An Introduction". Yale, New York.

KERNBERG, O. (1976): Object Relations Theory and Clinical Psychoanalysis. Jason Aronson, New York.

KERNBERG, O. (1978): Borderline-Störungen und pathologischer Narzißmus. Suhrkamp, Frankfurt a.M.

KLEIN, M. (1962): Das Seelenleben des Kleinkindes und andere Beiträge zur Psychoanalyse. Klett, Stuttgart.

KÖHLER, L. (1978): Über einige Aspekte der Behandlung narzißtischer Persönlichkeitstörungen im Lichte der historischen Entwicklung psychoanalytischer Theoriebildung. Psyche 32: 1001–1058.

KOHUT, H. (1979): Die Heilung des Selbst. Suhrkamp, Frankfurt am Main.

MILCH, W.; PUTZKE, M. (1994): Suizidprophylaxe in der stationären psychiatrischen Behandlung. Teil I: Literaturübersicht. Psychiatrische Praxis 21: 50–53.

ORLOWSKY, U.; ORLOWSKY, R. (1992): Narziß und Narzißmus im Spiegel von Literatur, Bildender Kunst und Psychoanalyse. Fink, München.

RADEBOLD, H. (1994): Psychoanalytische Psychotherapie und Psychoanalyse im höheren und hohen Erwachsenenalter. Zeitschr. f. psychoanal. Theorie und Praxis 10: 439–451.

RANKE-GRAVES, R. v. (1955): Griechische Mythologie, Quellen und Deutung, Bd. 1. Rowohlt, Reinbek (deutsch 1960).

REICHE, R. (1990): Geschlechterspannung. Fischer, Frankfurt.

SPOTNITZ, H.; RESNIKOFF, P. (1954): The Myths of Narcissism. Psychoanalytic Review 41: 173–181.

TEISING, M. (1992): Alt und lebensmüde. Reinhardt, München.

THOMÄ, H. (1992): Der Körper in der Psychoanalyse.In: BUCHHEIM, P.; CIERPKA, M.; SEIFERT, T. (Hg.), Lindauer Texte. Springer, Berlin, S. 122–145.

YORKE, C. (1991): Freud´s „On Narcissism": A Teaching Text. In: SANDLER, J.; PERSON, E.S.; FONAGY, P. (Hg.), Freud's „On Narcissism: An Introduction". Yale, New York.

Gertraud Schlesinger-Kipp

„Wie meine Mutter" – Variation eines bekannten Themas durch das Älterwerden

Erleben von Veränderungen von Frauen in den Wechseljahren

Summary: „My Mother my self." – Variation of a Well-known Subject by Aging. Experiences of Women in the Climacteric Change

Women approaching to menopause often feel that they are becoming more and more like their mothers. This can reveal conscious and unsconcious conflicts which have not yet been solved in the life cycle. Frequently the symptoms of this conflicts like depression, anxiety, unrestlessness, sleeplessness etc. are only seen as results of the declining hormons.

This text emphasises the importance of understanding the psychodynamics of the unconscious conflicts by psychoanalytic means. The crisis of the climacteric change can then bee seen as a chance for further confirmation of identity. The theses are illustrated by the study of a psychoanalytic treatment of a 49 year old woman.

„Wie meine Mutter"

Die „Frauenliteratur" der letzten 20 Jahre – angefangen unter anderem mit Nancy FRIDAYS (1977) aufsehenerregenden Buch „My Mother my self" – hat sich intensiv – biographisch, literarisch, populärwissenschaftlich, psychologisch, aber auch psychoanalytisch – mit der Suche nach Identität und Sexualität der Frauen in Abgrenzung, Auseinandersetzung, Wut, Liebe, Verschmelzungswünschen zu ihren Müttern befaßt. Die frühe Kindheitsphase, die Pubertät, die ersten sexuellen Erlebnisse, der erste Mann bis hin zur eigenen Mutterschaft wurden immer wieder in Beziehung zur Mutter thematisiert. Das eigene Älterwerden spielt jedoch zum Beispiel bei FRIDAY nur insofern eine Rolle, als sie an einer Stelle meint, daß Frauen ihren Müttern im Älterwerden noch ähnlicher würden, obwohl sie bewußt gerade anders sein möchten und sich viele Dinge in ihrem Leben aufgebaut hätten, um die Ähnlichkeit in den Beziehungen nicht bewußt werden zu lassen.

Fragt man Frauen – wie etwa BECHTLER (1995) – jedoch direkt nach dem Erleben des Älterwerdens während der Zeit der Wechseljahre, so spielt das Erleben der Wechseljahre der Mutter zunächst bewußt keine große Rolle. Da jedoch Gynäkologen regelmäßig danach zu fragen scheinen und es auch im Laienbewußtsein die allgemein verbreitete Meinung gibt, daß die Töchter die Wechseljahre so ähnlich wie ihre Mütter erleben, fallen den befragten Frauen bei weiterem Nachdenken doch erschreckende oder erleichternde Ähnlichkeiten auf. „Die Parallele zur Mutter wird auch gezogen, wenn man so wenig davon merkt wie die Mutter und dies wie ein Geschenk dankbar annimmt" (BECHTLER 1995, S. 15).

Innere Konflikte und Ängste können entstehen, wenn die eigene Mutter während der Wechseljahre an einer Erkrankung der weiblichen Geschlechtsorgane (Gebärmutter- oder Brustkrebs) starb.

Beispiel:

Eine 59jährige Frau kam nach zahlreichen Unterleibsoperationen (u.a. eine Gebärmutteroperation), die zu keinerlei Besserung der zum Teil unerträglich schmerzhaften Krämpfe geführt hatten, zu mir in Behandlung. Als ältere von zwei Kindern war sie von ihrer berufstätigen Mutter kurz nach ihrer Geburt einem Kindermädchen übergeben worden, während ihr Bruder, der Mutter äußerlich ähnlich, das Lieblingskind gewesen sei. Ihren Vater liebte die Patientin als Kind sehr. Er sei immer sehr leidend gewesen und auf Grund großer Schmerzen tablettenabhängig geworden. Im Verlauf ihrer mehrfachen Mutterschaft war die Patientin zwar psychisch sehr belastet, aber körperlich gesund, da sie sich immer wieder über ihren guten Innenraum Gewißheit verschaffen konnte. Erst als ihre einzige Tochter in der Adoleszenz durch eine Operation einer Eierstockzyste unfruchtbar wurde, begannen die Unterleibsbeschwerden der Patientin. Nun selbst im Alter ihrer Mutter, die mit 59 Jahren an Unterleibskrebs starb, wurde sie von schrecklichen Vorstellungen über ihren zerstörten Unterleib überfallen, die sich in den hartnäckigen Schmerzen manifestierte. Sie konnte sowohl die unbewußten Schuldgefühle ihrer Mutter gegenüber nicht mehr besänftigen als auch nicht die gegenüber ihrer Tochter, an deren Unfruchtbarkeit sie sich ebenfalls schuldig fühlte.

„So werden wie die Mutter“ – dieses Thema taucht in jeder Lebensphase einer Frau auf , meiner Meinung nach besonders in der Phase der Wechseljahre und der Menopause, da die Frau danach der Mutter – postmenopausal – am „ähnlichsten“ wird. Für das kleine Mädchen ist die Mutter unerreichbar anders in ihrer weiblichen und mütterlichen Potenz, als junge Frau und Mutter kann sie sie in ihrer Phantasie überrunden, im Klimakterium und in der Menopause wird sie ihr erstmals am „gleichsten“.

Die Auseinandersetzung mit dem Mutterbild bestimmt in diesem Lebensalter bewußt erlebte Probleme und Lebensaufgaben sowie unbewußte Konflikte.

Zu den bewußten oder bewußtseinsfähigen Problemen gehören:

Die Partnerschaft verändert sich. Die Frau wird – wie eventuell die Mutter im höheren Lebensalter – erstmals mit ihrem Mann ohne Kinder zusammenleben oder nach dem Verlust des Mannes allein sein. Das Älterwerden wird sichtbar. Sexualität hat man vorher häufig älteren Frauen – auch insbesondere der Mutter – abgesprochen, und nun erlebt man die fortbestehenden Wünsche, das Weiterbestehen sexueller Kontakte oder die Problematik des eigenen Lustverlustes. Auseinandersetzungen mit Krankheiten und Verlusten setzen ein, die das Leben der älteren Mutter schon länger bestimmen. Viele Frauen ringen erneut in dieser Phase um das Bewußtmachen des Generationsunterschiedes.

So muten manche Beschreibungen von Problemen von Frauen in den Wechseljahren so an, als ginge dieser Generationsunterschied völlig verloren. Hettlage-Varjas und Kurz (1995) zum Beispiel betonen in ihrem sonst sehr verdienstvollen Artikel, daß „Zeichen von körperlicher Verletzlichkeit, von Zerfall und der harten Realität des Todes ... sichtbar" und Frauen als „Container der gesellschaftliche abgewehrten Ängste vor Alter und Zerfall benutzt" (Hettlage-Varjas u. Kurz 1995, S. 929) würden, deren „Sexualität ... lächerlich, abstoßend, verachtenswert, unheimlich, abartig, bösartig und minderwertig" (Hettlage-Varjas u. Kurz 1995, S. 930) sei. Die Frau müsse „in den Wechseljahren den sozialen Tod" (Hettlage-Varjas u. Kurz 1995, S. 935) aushalten, um eine eigene Identität zu entwickeln.

Die Befürchtung, die oft mühsam gegen die phantasierten Wünsche der Mutter nach einem asexuellen, braven Mädchen errungene sexuelle Identität als Frau jetzt im Älterwerden wieder zu verlieren, kann die Frau extrem bedrohen. Durch den möglichen realen Verlust der alten Mutter droht das Mutterbild endgültig aufgespalten zu werden: Die gestorbene Mutter ist jetzt die gute Mutter, und man selbst bleibt mit allen ihren negativen Eigenschaften zurück.

Beispiel:

Eine alleinlebende 44jährige Lehrerin verlor ihre Mutter vor zehn Jahren durch einen Gebärmutterkrebs. Kurz nach dem Tod der Mutter trennte sie sich von ihrem Lebensgefährten, da dieser keine Kinder haben wollte. In ihrem Bewußtsein geschah das, um mit einem phantasierten neuen Mann Mutter werden zu können. Unbewußt führte sie damit die Wünsche der Mutter aus: Der Traum der Mutter war, eine unverheiratete Lehrerin ohne Kind zu sein. Wie sehr sie als Kind selbst unter dieser Abneigung Kindern und der Sexualität gegenüber litt, durfte ihr nicht bewußt werden, da es die abgespaltene gute Mutter war, die sie beerdigt hatte, während der andere Teil in ihr für Melancholie und Asexualität sorgte.

Veränderung von Beziehungen

Sies (1995) beschreibt die Beziehungsveränderungen zwischen 50 und 60 als abhängig vom bisherigen Verlauf: Während einige Frauen glücklich wären, mit dem einen Mann zusammenzuleben, und auch keine Wünsche verspürten, sich innerhalb der Beziehung gehen zu lassen, schielten andere neidisch auf ungebundene Freundinnen. Manche würden sich nach dem Weggang der Kinder plötzlich auf ihre vernachlässigte Beziehung besinnen und fingen an, diese übermäßig zu pflegen, während bei anderen durch den Wegfall von Berufstätigkeit und Kindererziehung die „Verwahrlosung“ der Beziehung sichtbar würde.

Alleinlebende Frauen in diesem Alter empfänden die größte Abneigung dagegen, noch einmal einen Mann „bedienen“ zu sollen. Viele möchten gerade in ihren 50ern eher mit Frauen zusammenleben, wobei daraus nur selten erotische oder sexuelle Beziehungen untereinander entstünden.

Zu ähnlichen Ergebnissen kommt auch von Sydow (1995), die sexuelle Lebensformen älterer Frauen untersuchte. Während der Wunsch nach Zärtlichkeit und Sexualität nicht abnähme, nimmt nach von Sydow jedoch die Häufigkeit der sexuellen Kontakte bedeutsam ab, was vorwiegend der Beendigung der Kontakte durch die Konfrontation mit der schwächeren Potenz der älteren Männer zugeschrieben wird. Impotenzerlebnisse oder schwächere Erektionen würden sowohl von der Frau als auch vom Mann als peinlich erlebt und somit vermieden.

Die verbreitete Vorstellung ist wohl immer noch, daß das Problem von Paaren darin liegen müsse, daß die Frau die

Sexualität ablehne, sich dafür immer vom Mann begehrt fühlen kann und der Mann „immer will" und abgelehnt wird, sich also als begehrend erleben kann. Wenn sich diese „Kollusion" im Alter umzukehren droht, wird die sexuelle Beziehung am ehesten abgebrochen. Oft werden Krankheiten als rationaler Anlaß dafür benutzt. Sehr unterschiedlich erleben Frauen nach von Sydow (1995) diese Beendigung: Während viele darunter litten, gäbe es auch Frauen, die auf Grund selten erlebter eigener Befriedigung gern auf sexuelle Kontakte verzichten. Alleinstehende Frauen wünschten sich zwar enge – auch sexuelle – Beziehungen zu Männern, wollten jedoch nicht wieder eine Wohnung mit ihnen teilen. Selbstbefriedigung praktizieren nach dieser Untersuchung ungefähr ein Drittel der 50- bis 70jährigen. Viele Frauen gaben an, daß Sexualität ohne ein Gegenüber für sie keine Bedeutung habe, während jedoch fast die Hälfte von ihnen weiterhin erotische Phantasien und Träume erlebten.

Viele Frauen schreiben bewußt die Veränderung in ihren Beziehungen ausschließlich den sich verändernden Hormonen während der Wechseljahre zu. Für alle „Konflikte im Leben, ob mit Kindern, Partnern, Eltern, Arbeitgebern" (Jürgensen 1995, S. 33), werden die Hormone verantwortlich gemacht.

Es scheint also zusätzlich zu den üblichen psychosomatischen Erkrankungen bei Frauen in dieser Lebensphase die Neigung zu geben, einen normalen körperlichen Vorgang – wie das Absinken des Hormonspiegels – zum Auslöser psychischer Symptome zu erklären. Jürgensen (1995) meint, daß insbesondere für den Libidoverlust nicht die Hormone ausschlaggebend seien, sondern eher die Partnerbeziehung, die jedoch bewußt für eher gut gesehen und somit geschützt wird, auch wenn die Sexualität aufgegeben wird.

Beispiel:

Im Erstgespräch spricht eine 50jährige Frau ausschließlich über die erlebten Veränderungen seit Beginn der Wechseljahre. Als ihre Blutung zum ersten Mal vor drei Jahren ausblieb, erlebte sie Wutanfälle, Gefühlsschwankungen und die Sehnsucht nach Rückzug und konnte diese am ehesten mit Stimmungen während ihrer Schwangerschaft vergleichen. Bewußt hatte sie ihre Gebärfähigkeit jedoch schon viele Jahre vorher durch Sterilisation beendet. Sie spricht weiterhin nur von ihren Schwächegefühlen, Depressionen, der Angst, so eingeschränkt und starr wie „alte Leute" zu werden. Auch auf Nachfragen kommt kein Gespräch über eine Beziehung zu einem Menschen oder gar über Konflikte in Beziehungen zustande. Erst im zweiten Gespräch, nachdem sie von mir damit konfrontiert wurde, daß keinerlei psychische Auslöser für ihre Symptome erkennbar seien, kann sie über massive jahrzehntelange Konflikte in ihrer Ehe sprechen.

Psychoanalytisches Verständnis von Konflikten während der Wechseljahre

Insgesamt gibt es bisher wenig psychoanalytische Konzepte, die sich mit den Konflikten und Veränderungen der Wechseljahre befassen.

Frühe Sicht: Sigmund Freud und Helene Deutsch

Freud selbst nennt das Klimakterium der Frauen meist in Zusammenhang mit einem „männlichen Klimakterium", wobei er beides gleichsetzt mit „Senium" und „Greisenalter". Man muß ihm dabei zugute halten, daß Frauen um die Jahrhundertwende eine Lebenserwartung von etwa 50 Jahren hatten. In einem Fallbeispiel (Freud 1937) geht er auf eine Frau ein, die er wegen Gehunfähigkeit und Beinschmerzen behandelt hat, die etwa 14 Jahre nach Beendigung der Kur wegen eines Myoms eine Totalextirpation des Uterus erlitt und daraufhin in ein (verfrühtes?) Klimakterium kam (wobei diese Tatsache nicht erwähnt wird). Sie habe sich in den Operateur verliebt, „schwelgte in masochistischen und schrecklichen Phantasien" über die Veränderungen in ihrem Inneren, habe sich „einem neuerlichen analytischen Versuch" als unzugänglich erwiesen und sei bis zu ihrem Lebensende nicht mehr „normal" geworden (Freud 1937, S.

66). In diesem Beispiel deutet FREUD auf eine Triebverstärkung bei Frauen in der Pubertät und in der Menopause hin, die dann die Konflikte zwischen den verschiedenen Instanzen des psychischen Apparates in Bewegung setze.

Bei DEUTSCH (1948), die den für FREUD noch „dunklen Kontinent" der weiblichen Entwicklung in derselben Sichtweise wie Freud erhellt, mißt sich die Entwicklung des Mädchen an der des Jungen. Von Anfang an seien beide Geschlechter gleich – was auch heute in gewisser Weise immer noch revolutionär ist –, wobei „gleich" aber „männlich" heißt. In FREUDS Geschlechtertheorie ist die Libido ihrem „ureigensten" und „unverstellten" Wesen nach „aktiv", ergo „männlich" (GAST 1992, S. 145). Beide Geschlechter besitzen nach DEUTSCH keine psychische Repräsentanz der Vagina und damit der Geschlechterdifferenz. Die Entdeckung der Zweigeschlechtlichkeit löse die bis dahin gleichermaßen männlich gelaufene Entwicklung auf. Sie münde beim Jungen im Ödipuskomplex und dessen Beendigung durch die Kastrationsangst, beim Mädchen auf Grund der Enttäuschung über die Penislosigkeit in der enttäuschten Abwendung von der Mutter. HELENE DEUTSCH ist jedoch die erste, die auf die bedeutungsvolle und lange präödipale Beziehung des Mädchens zur Mutter hingewiesen hat. Nach der enttäuschten Abwendung von der Mutter werde der Peniswunsch in einen Kinderwunsch umgewandelt, der dann vom Vater ebenfalls wiederum enttäuscht werde.

So ist für FESSLER (1947) nur logisch, daß die wiederholte Enttäuschung auch das Hauptbild der klimakterischen Depression der Frau ist. Die klimakterisch gestörte, das heißt die depressive Frau sei von allen anderen enttäuscht und schwelge in dauernden Vorwürfen. Die psychoanalytische Theorie des Penisneides, die die Verfehlung der männlichen Subjektwerdung als konstituierend für die weibliche Entwicklung ansieht, nimmt logischerweise an, daß der Penisneid im Unbewußten fortbesteht und in der Menopause sogar unter günstigsten Umständen für psychische Probleme sorgt, die bei der leichtesten Provokation ausgelöst werden können. Die Frau werde also im Klimakterium dazu gezwungen, dieselbe Reaktion wie in der frühen Kindheit auf die Entdeckung der Zweigeschlechtlichkeit zu wiederholen. Somit ist das Klimakterium ein regressiver Prozeß, in dem die Frau alles aufgeben muß, was sie in der Pubertät bekommen hat, nämlich die Gebärfähigkeit als Restitutionsversuch für die Penislosigkeit.

Die klassische psychoanalytische Auffassung der Weiblichkeit ist, obwohl in sich schlüssig, meiner Meinung nach nicht in der Lage, die unbewußte Bedeutung der Zyklizität, die unbewußte Bedeutung eines Kindes für die Frau sowie die unbewußte Bedeutung der Beendigung von Zyklizität und Gebärfähigkeit während des Klimakteriums ausreichend zu erklären. Meines Erachtens zeigt sich, daß die von vielen Autoren beschriebene Kritik am Konzept des Penisneides insbesondere dann zutreffend ist, wenn es gilt, eine Theorie der weiblichen Entwicklung im gesamten Lebenszyklus zu erstellen. Empirisch ist nachgewiesen, daß die Depressionshäufigkeit im Klimakterium nicht wesentlich ansteigt (z.B. HUNTER 1990).

Heutige Sicht der Psychodynamik der Wechseljahre an Hand eines Beispiels

Auf Grund einer an anderer Stelle[1] dargestellten Untersuchung der neueren psychoanalytischen Literatur über die weibliche Entwicklung kann man zu dem Schluß gelangen, daß es weder eine konsistente Theorie der weiblichen Entwicklung gibt, noch sich die verschiedenen Ansätze (insbesondere seit den 70er Jahren) auf den gesamten Lebenszyklus der Frau beziehen.

Auf Grund des Platzmangels möchte ich hier anstelle einer umfangreichen theoretischen Ableitung meiner Thesen die wichtigsten unbewußten Konfliktbereiche ausgehend von einer Behandlung darstellen.

---

1 G. SCHLESINGER-KIPP (1996): Psychodynamische Aspekte der Menopause. In: LEUZINGER-BOHLEBER, M.; ZWIEBEL, R. (Hg.), Psychoanalyse heute – im Spannungsfeld zwischen Klinik und Kulturtheorie. Westdeutscher Verlag, S. 119–140.

Frau G. ist eine auffallend schöne, elegante Frau, die zu mir in einer Krisensituation – noch krank geschrieben nach einer Gebärmutteroperation – kam. Sie war in diese Krise geraten, nachdem ihr über 80jähriger Vater nach einem Herzinfarkt pflegebedürftig geworden war. Sie schilderte im Erstinterview die mühsame Suche nach einer Klinik und einem Pflegeplatz für ihren Vater, da sie merkte, daß sie ihn nicht zu sich nehmen konnte. Sie selbst sei bei dieser Belastung krank geworden, habe sich aber weiter um alles gekümmert, bis ihr „das Blut an den Beinen herablief". Im Krankenhaus sei dann sofort die Gebärmutter herausoperiert worden, obwohl der Arzt zuvor nur von einer Ausschabung gesprochen hatte.

Sie beschrieb dann, wie sie neben dieser Sorge um den Vater ihrem Beruf als Sozialarbeiterin nachging und ihren Mann und ihre beiden Kinder versorgte. Nach außen hin habe sie das alles wunderbar geschafft, aber innerlich sei sie richtig froh gewesen, sich in die Klinik zurückziehen zu können, körperlich krank zu werden, um wenigstens kurz aus dieser Überlastungssituation herauszukommen. Die Unterleibskrämpfe und vor allem die Depressionen hätten sich aber seit der Operation verschlimmert. Zusätzlich leide sie unter Rückenschmerzen und Herzrhythmusstörungen. Als sie von der Sorge um Vater, Mann und Kinder erzählte, sagte ich ihr, daß es immer darum ginge, sich um andere zu kümmern, und sich offensichtlich niemand – außer ein anonymes Krankenhaus – um sie kümmere. Sie bestätigte das, indem sie bemerkte, wie froh sie gewesen sei, diese „blöde Gebärmutter" endlich los zu sein.

Die Phantasie, die ideale Partnerin für den Vater zu sein, die jünger ist als die Mutter und die ihm erneut ein Kind schenkt, muß aufgegeben werden. Mit dem Aufgeben des Inzestwunsches wird die Endlichkeit akzeptiert. Die Frau muß und kann spätestens jetzt ihre „töchterliche Existenz" (Rohde-Dachser 1990, S. 303) beziehungsweise sich als „Selbstobjekt des Vaters" (Rohde-Dachser 1990, S. 312) aufgeben – oder in der Freudschen Terminologie den: „Hafen des Ödipus" verlassen, verlockt von der zu entdeckenden eigenen Welt draußen.

Die ödipale Beziehung des kleinen Mädchens zum Vater wird schon in der Phantasie der geschlechterübergreifenden

Phase von weiblichen und männlichen Eigenschaften in einer Person vorbereitet (Fast 1992). In der frühen Triangulierung (Abelin 1975) ist eine Vorform der ödipalen Beziehung enthalten. Sobald das Mädchen in der Lage ist, seine Begrenztheit auf ein Geschlecht zu erkennen, entwickelt es zum Vater eine weibliche Beziehung mit allen Wünschen. Normalerweise wird es aber zwischen Mutter und Vater in seiner Liebe, seiner Identifikation und seiner Enttäuschung hin- und herpendeln. Ausschlaggebend für die weitere Entwicklung ist auch die Antwort des Vaters auf die Weiblichkeit seiner Tochter: Wird er ihren ödipalen Sieg über die Mutter eingrenzen und ihr damit eine schuldfreie Rückkehr zur Mutter ermöglichen, ohne ihre eigene Weiblichkeit zu entwerten? Wird er sie als Ersatzsohn in ihrer Weiblichkeit verunsichern? Wie kann sie sich im Laufe ihrer Entwicklung vom Vater trennen? Diese Frage wird seltener gestellt als die Frage nach der Trennung von der Mutter. Sie ist jedoch meines Erachtens in den Wechseljahren ebenso bedeutsam, da die Fixierung auf die „töchterliche Existenz“ die Perpetuierung der Illusion von Jugendlichkeit und Gebärfähigkeit bedeutet. In den Phantasien und Träumen kann es weiterhin um diese Themen gehen (und tut es auch, wie in den Träumen meiner Patientinnen immer wieder deutlich wird), jedoch vergrößert sich die Diskrepanz zur Realität, so daß die Gefahr der narzißtischen Kränkung und der Depression wächst. Sich in diesem Lebensalter „zu Hause“ zu fühlen, fordert auch eine Neubelebung und Veränderung der ödipalen Beziehung zum Vater.

Der Hafen des Ödipus kann das Ziel sein, in das man einläuft, er kann aber auch zum Gefängnis werden. Mit dem Aufgeben der ödipalen Wünsche, in der Konkurrenz zur Mutter die Erfolgreichere zu sein, ist eine wesentliche Emanzipation und ein wichtiger Schritt zur Identitätsentwicklung möglich, da es nicht mehr um die Wünsche des Vaters oder die Kehrseite, den Protest dagegen, gehen muß.

Ich sagte an dieser Stelle im Erstgespräch zu der Patientin, daß ein Angriff auf ihre Weiblichkeit ja durch die Operation ohne ihr

Wissen geschehen sei und sich vielleicht deshalb diese Angst, „offen“ und „angreifbar“ zu sein, verstärkt habe. Sie reagierte mit einem kurzen „kann sein“ und sprach dann schnell weiter. Die Patientin empfand meine oft eher intellektuellen oder auch informativen Äußerungen, zu denen sie mich immer wieder bewog, tatsächlich als „Versorgung“ (wobei diese Interaktion im Verlauf der Analyse zu einem Widerstand wurde) und wollte eine Therapie beginnen.

In unserer Interaktion war von Anfang an ein spezifisches Übertragungs-Gegenübertragungsspiel vorhanden: Meine intellektuellen Äußerungen dienten mir dazu, mich der zwar nicht viel, aber doch immerhin älteren Frau gegenüber als kompetent hinzustellen. Dieses Moment der Kompetenz habe ich in einer Arbeit über geschlechtsspezifische Übertragungs-Gegenübertragungsprobleme mit älteren Patienten (Schlesinger-Kipp 1995) als besonders bedeutsam herausgearbeitet. Ich gehe darin davon aus, daß weibliche Therapeutinnen oft von vornherein von Patienten in der Übertragung mit weniger Kompetenz und Autorität ausgestattet werden als männliche, dafür aber mehr Wünsche nach Versorgung, Nähe und Verständnis auslösen. In der Gegenübertragung haben Therapeutinnen eher Probleme mit der Abstinenz und Kompetenz, ihre männlichen Kollegen eher mit Einfühlungs- und Kontaktproblemen.

Von Anfang an sollte ich also diejenige sein, die ihr hilft, sie mit klugen Worten versorgt und sie aber andererseits auch als die Dumme hinstellt, indem sie mir Fragen häufig stellte. Erst viel später erkannte ich den Abwehrcharakter, sprach diese Übertragung an und versagte ihr meine Bemerkungen, indem ich sie immer wieder darauf hinwies, daß sie selbst die Expertin sei. In der Identifikation mit mir war es ihr jedoch auch wichtig, daß auch Frauen denken können, etwas „Drittes“ haben, das sie von Vater und Mutter oder Ehemann unabhängig macht.

Diese Patientin, die so große Angst vor ihrer intellektuellen Unzulänglichkeit hatte, schrieb mir eine 63 Seiten lange Biographie. Aus vielen der dort geschilderten Erinnerungen kann man rückschließen, daß sie die Phantasie der geschlechterübergreifenden Unbegrenztheit (Fast 1991) in der frühen Kindheit erlebt haben könnte, da die starke und strenge Mutter sowohl den Vater und die älteren Geschwister dominierte, als auch alle fünf Kinder lange stillte. Wahrscheinlich wurden der Mutter weibliche und männliche Eigenschaften zugewiesen. Die narzißtische Kränkung durch die Erkenntnis, doch auf das weibliche Geschlecht begrenzt zu sein, muß die Patientin getroffen haben, zumal bald danach der jüngere, bevorzugte Bruder geboren wurde. Daß das weibliche Geschlecht „nichts wert“ sei, hat sie dann durch die Art ihrer Mutter- und Vaterbeziehung sowie durch spätere Männerbeziehungen immer wieder erfahren und inszeniert. Als einzige Tochter konnte sie andererseits zum besonderen Liebling des Vaters werden und sich so vor der Mutter retten. Dies war ihr aber nur möglich, solange sie die „töchterliche Existenz“ beibehielt, dumm und lieb, ohne Eigenständigkeit.

Die Mutter wurde als sehr schön, aber vom Leben enttäuscht und verbittert beschrieben. Fröhlich sei die Mutter nur zusammen mit ihren lebhaften Schwestern gewesen. Die Mutter starb an Gebärmutterkrebs im Alter von 57 Jahren, ihre Schwestern ebenfalls vor dem 50sten Lebensjahr an Gebärmutter- beziehungsweise Brustkrebs. Hier ist ein Zusammenhang zu vermuten zwischen dem Lebensalter der Patientin beim Aufsuchen einer Psychoanalytikerin, ihren Symptomen und dieser Vorgeschichte. Mußte sie sich nicht fragen, ob sie dieses Alter der auf sie zukommenden Menopause überhaupt überleben kann, wenn diese drei wichtigen Frauen genau in diesem Alter an den weiblichen Organen gestorben sind? Die Blutungen, die Operation könnten doch in der Phantasie der mindeste Tribut fürs Überleben sein. Sie fürchtete jetzt die Rache der Mutter, die sich von der Tochter besiegt fühlen mußte, als diese zur Frau und Mutter wurde. Würde sie die Mutter ungestraft ein zweites Mal überrunden dürfen?

Hinzu kommt, daß die Beziehung der Patientin zur Mutter nach der Geburt ihres ersten Kindes offensichtlich besser wurde. Die Mutter habe sich über das Enkelkind sehr gefreut, es gern in Obhut genommen.

Destruktive Phantasien der Mutter gegenüber gehen nach Klein (1928, 1985) mit der Vorstellung eines bösen, leeren Innenraumes einher. Die Möglichkeit, ein gesundes Kind bekommen zu können, gibt der Frau Sicherheit, über einen guten, gesunden Innenraum zu verfügen.

Im Klimakterium und in der Menopause fällt diese Sicherheit weg. So kann sich die Frau gegen Vorstellungen, einen bösen, leeren Innenraum zu haben, nicht mehr wehren, was zu Depressionen führen kann. Die Angst, von der Mutter rachsüchtig verfolgt zu werden, nährt sich aus den frühkindlichen destruktiven Phantasien, aber auch aus den ödipalen Triumphgefühlen während der Pubertät. Frauen sind dieser Angst nicht hilflos ausgeliefert. Sie können durch liebendes Interesse ihr Inneres füllen und (spätestens in dieser Zeit) andere Möglichkeiten der Wiedergutmachung finden. Solche „weiblichen Werke" sind Ersatzkinder; (wie bei den Männern der Beruf) die Arbeit in Institutionen, das Schreiben, das Schaffen von Kunstwerken oder soziale Tätigkeiten.

In jedem Zyklus, nicht erst bei der tatsächlichen Geburt eines Kindes, erleichtert das Bewußtsein der Gebärfähigkeit unbewußt die Schuldgefühle durch die Phantasie eines fruchtbaren Innenraums. Erst mit der Beendigung des weiblichen Zyklus endet diese Möglichkeit der Wiedergutmachung.

Frauen fühlen sich in den Jahren ihrer Gebärfähigkeit (Shuttle u. Redgrove 1980) jeden Monat hin- und hergerissen zwischen zwei Polen, dem Eisprung und der Menstruation. Mit dem Eisprung ist die Möglichkeit der Empfängnis, der Geburt und der Mutterschaft mit der dazugehörigen Gebundenheit vorhanden. Die Menstruation ist dagegen ein Sinnbild für die Gegensätze von Selbstreinigung des Körpers und Unreinheit, von Fruchtbarkeit und Destruktivität, von sexueller Macht und Ohnmacht. Die auf den Wert des Eisprungs fixierte Frau leidet mehr unter prämenstruellen Symptomen und entspricht dem Bild, das Deutsch (1948) und Benedek (1950) von der Frau zeichneten. Sie müßte demnach auch in den Wechseljahren mehr unter dem Verlust dieses Wertes leiden. Die „Menstruationsfrau" hingegen betont ihre Unabhängigkeit und vermeidet meines Erachtens die Wiederholung der Symbiose. Sie leidet eher unter perimenstruellen Beschwerden, weil sie häufig durch die heutigen Tabus ihre größere sexuelle Lust während der Menstruation nicht wahrhaben will und sie in Krämpfe umwandelt. Die meisten Frauen hingegen sind nicht ihr Leben lang auf den einen oder anderen Pol fixiert, sondern geben in verschiedenen Lebensphasen dem Eisprung oder der Menstruation eine wichtigere innere Bedeutung. Die wohlsten Tage, kurz nach der Menstruation, in denen alle Möglichkeiten wieder offen sind, dauern nur kurz, bevor die nächste Runde beginnt. In Analysen mit jüngeren Frauen kann man diese sich ständig im Zusammenhang mit dem Zyklus wiederholenden Themen beobachten.

Durch das Ausbleiben der Menstruation in den Wechseljahren fällt dieser Kampf weg, aber auch die Möglichkeit des intensiven Erlebens, den die Zyklizität unbewußt ermöglicht.

Der Verlust der Sicherheit, einen guten, fruchtbaren Innenraum zu haben – als Repräsentanz der guten (Gebär-)Mutter – führt nur über Trennungs- und Trauerprozesse zu einem integrierten Körperbild. Die Bedeutung der Überwältigung von Schuldgefühlen auf Grund nicht wiedergutzumachender böser Phantasien lassen sich vor allem in Psychotherapien und Analysen von Frauen nach einer Gebärmutteroperation beobachten.[2] Wenn diese Operation vor den Wechseljahren erfolgt, fällt die Zeit der Wechseljahre und damit die allmähliche Annäherung an die Menopause als Zeit der Umstellung weg, und sie wird auch von daher traumatisch erlebt.

Nach der oben beschriebenen Überlegung könnte die Patientin unbewußt versucht haben, ihre Schuldgefühle wegen der bösen Gedanken gegen ihre Mutter zunächst dadurch zu besänftigen, daß sie ein gesundes Kind gebar (Langer), sich demnach von ihrem guten, fruchtbaren Inneren überzeugen konnte. Dadurch jedoch wurde die Rivalität zur Mutter, die in den Wechseljahren war, angeheizt, so daß sie es ihr ganz schenken mußte, um die unbewußten Schuldgefühle zu besänftigen.

Zwischen den Geburten der ersten beiden Kinder der Patientin erkrankte die Mutter an Gebärmutterkrebs und starb kurz vor der Geburt des zweiten Kindes. Sie empfand bis zum Schluß starre Mauern zwischen sich und der Mutter, die eine Aussprache und Versöhnung verhinderten.

---

2 Mir fällt auf, daß ca. 80% der von mir behandelten Frauen eine Hysterektomie in der Vorgeschichte haben. Daher scheint dieses Thema hier eventuell überrepräsentiert.

Die Überwindung der ödipalen Rivalität – nun selbst in den Wechseljahren – war der Patientin mit der realen Mutter oder einer Ersatzperson nicht möglich gewesen, da die Mutter die Wechseljahre nicht überlebt hatte. Tiefe Depressionen nach dem Tod der Mutter – die von der Patientin bewußt an der kurz danach erfolgten Trennung vom Ehemann festgemacht wurden – deuten jedoch auf eine starke unbewußte Schuldproblematik hin. So opferte sie selbst in der Zeit der Wechseljahre quasi ihre Gebärmutter der Mutter, um weitere Bestrafung zu verhindern. Gleichzeitig wurde damit das Organ entfernt, an dem die Mutter starb. Die Patientin fühlte sich oft so hart und verbittert wie ihre Mutter. Sie sehe ihr auch äußerlich ähnlich. Wird sie sich von ihr und ihrem Fluch lösen und die Menopause (in die sie verfrüht durch die Hysterektomie gekommen ist) überleben können, ein eigenes sexuelles Leben führen oder nicht?

Destruktive Phantasien über die Mutter erhalten in der Pubertät neue Nahrung durch Rivalitätsgefühle und die Idee eines möglichen Sieges über die Mutter, die dann meistens in den Wechseljahren ist. Nach LANGER (1988) können Klimakterium und Menopause unbewußt als späte Rache der Mutter für die „Sünden" gegen sie in der Pubertät erlebt werden. Schuldgefühle, die nicht durch ein „gesundes" Kind wiedergutgemacht werden können, verwandeln sich sozusagen in Erinnyen, die noch spät ihr Opfer finden und Depressionen herbeiführen können.

Die Phantasie, diese mütterliche Rache überlebt zu haben, kann unter Umständen auch eine Versöhnung mit der Mutter möglich machen. Tochter und Mutter in der Postmenopause sind sozusagen „gleicher" als je zuvor. Die ödipale Rivalität kann sich auflösen, eine Wiederannäherung an die Mutter ohne große Schuldgefühle ist möglich, da die unbewußte Schuld gesühnt wird, indem der Tochter ein ähnliches Schicksal widerfährt wie der Mutter. In psychoanalytischen Behandlungen kann die Annäherung an die Mutter ohne eine Wiederholung desselben Schicksals möglich gemacht werden.

Die positive Übertragung zu mir ermöglichte es ihr, ohne Schuldgefühle auch ihre weibliche Potenz zu spüren. Sie konnte es jetzt als Ausdruck ihrer Weiblichkeit ansehen, daß sie Kinder geboren und sie überwiegend allein erzogen hatte. Vermehrt traten auch neue sexuell befriedigende Erlebnisse sowie Möglichkeiten der Verwirklichung im Beruf und im kreativen Bereich auf. Die starke Abhängigkeit von mir als positiver Mutter nach anfänglich lang anhaltender negativer Übertragung, die dieser Prozeß mit sich brachte, wurde von ihr bewußt wahrgenommen und in den Pausen mit Depressionen und Wut auf mich erlitten.

Folgerungen für die Psychotherapie mit Patientinnen in den Wechseljahren

Wie an anderer Stelle dargestellt (SCHLESINGER-KIPP 1995) wird auch die oft jüngere Therapeutin eine Mutterübertragung auslösen, so daß die Konflikte der destruktiven Phantasien, der Trennung von der Mutter, die Angst vor der späten Rache der Mutter, die Trauer um den Verlust der Wiedergutmachung durch eine Schwangerschaft bearbeitet werden können. Die jüngere Therapeutin kann gleichzeitig als Tochter gesehen, beneidet und bekämpft werden, um danach in der Loslösung von der Tochter die Trennung von der eigenen Mutter nachzuempfinden. Die unbewußten Konflikte, die sich im Aufgeben der Tochterrolle dem Vater gegenüber ergeben, werden häufig in einer probeweisen Identifikation mit der idealisierten Therapeutin als anderer, unabhängiger und eigenständiger Frau angegangen.

Eine gleichaltrige oder ältere Therapeutin könnte von vornherein ein größeres Vertrauen und mehr Solidarität in bezug auf die altersspezifischen Probleme hervorrufen. Leider wurde über diese Konstellation der Therapeutin-Patientin-Beziehung bisher keine Literatur gefunden.

Literatur

ABELIN, E.L. (1975): Some further observations and comments on the earliest role of father. Int. Journal of Psychoanal. 56: 293–302.

BARBACH, L. (1993): The Pause. Penguin Books, New York.

BECHTLER, H. (1995): „...also, ich mach mir da schon selber Mut." Die Wechseljahre aus der Sicht betroffener Frauen. In: SCHLESINGER-KIPP, G. (Hg.), Weibliche Identität und Altern. Psychosozial, Heft 60, Gießen (Psychosozial Verlag).

BENEDEK, Th. (1950): Climacterium: a developemental phase.The Psychoanal. Quart.19:. 1–27.

CHASSEGUET-SMIRGEL, J. (1988): Zwei Bäume im Garten. Verlag Int. Psychychoanalyse, München/Wien.

DEUTSCH, H. (1948): Die Psychologie der Frau. Bern.

FAST, I. (1991): Von der Einheit zur Differenz. Springer,Berlin/Heidelberg/New York.

FESSLER, L. (1947): The Psychopathology of climacteric depression. Psychoanal. Quart. 19: 28–42

FREUD, S. (1937): Die endliche und die unendliche Analyse. G.W., Bd.16. Fischer, Frankfurt a. M., S. 59–99.

FRIDAY, N. (1979) : Wie meine Mutter. Fischer, Frankfurt a.M.

GAST, L. (1992): Libido und Narzißmus. Edition diskord, Tübingen.

HETTLAGE-VARJAS, A.; KURZ, Ch. (1995): Weibliche Identität in den Wechseljahren. Psyche 9/10: 901–937.

HUNTER, M.S. (1990):Psychological and somatic experience of the menopause: A prospective study. Psychosom. Med. 52: 357–367, zitiert nach SYDOW, K. v.; REIMER, CH. 1995.

JÜRGENSEN. O. (1995): Weibliche Lebensmitte als Psychologie der Östrogene. In: SCHLESINGER-KIPP, G. (Hg.),Weibliche Identität und Altern. Psychosozial. Heft 60, Gießen (Psychosozial Verlag), S. 33–40.

KLEIN, M. (1928,1985): Frühstadien des Ödipuskonfliktes und der Über-Ich-Bildung. In: Frühstadien des Ödipuskonfliktes. Frühe Schriften 1928–1942. Fischer, Frankfurt a.M., S. 7–21.

LANGER, M. (1988): Mutterschaft und Sexus. Kore Verlag, Freiburg.

ROHDE-DACHSER, Ch. (1990): Über töchterliche Existenz. In: Psychosom. Med. und Psychoanalyse, Jg. 36, Heft 4: 303–315.

SCHLESINGER-KIPP, G. (1995): Geschlechtsspezifische Aspekte in der Übertragung und Gegenübertragung bei älteren Patienten. In: Schlesinger-Kipp, G. (Hg.), Weibliche Identität und Altern. Psychosozial, Heft 60, Gießen (Psychosozial Verlag), S. 79–87.

Shuttle, P.; Redgrove, P. (1982): Die weise Wunde Menstruation. Fischer, Frankfurt a.M.

Sies, C.; Nestler, V. (1992): Soll und Haben. Die Wechseljährige zwischen Illusion und Wirklichkeit. Psyche 4: 366 ff.

Sies, C. (1995) : Beziehungsveränderungen der Frau im Alter. In: Schlesinger-Kipp, G. 1995.

Sydow, K. v.; Reimer, Ch. (1995): Psychosomatik der Menopause: Literaturüberblick 1988–92. Psychother. med. Psychol. 45: 225–236.

Sydow, K. v. (1995):Sexuelle Lebensformen älterer Frauen als Thema der psychotherapeutischen, beraterischen und ärztlichen Praxis. In: Schlesinger-Kipp, G. 1995.

Rolf D. Hirsch

Aggregation während des Alterns

Psychoanalytische Aspekte

Summary: Aggression in Old Age – Psychoanalytic Aspects

The understanding of aggression and libido has undergone considerable changes since Freud. Modern concepts focus on the evolution of actions from their disposition to their presentation in later life, in such different manifestations ranging from self-assertiveness to cruelty. The potential for change and development is present over the whole life span for the personality as well as for aggression. Dealing with psychosocial tasks, different for each phase of life and variable from person to person, can be furthered, impeded or prevented by aggression. With increasing age, the physical state and the resources for adaptation (coping and defense mechanisms) have important influences on the expression of aggressive impulses and actions. In old age, there is an increase of the tendency to turn destructive and aggressive impulses against the body. Countertransference mechanisms have to be considered in the treatment of the elderly, as for example idealization or devaluation of the patient, guilt feelings in case of physical illness or impending death.

„Es ist merkwürdig, daß der Mensch, je mehr er seine Aggression nach außen einschränkt, desto strenger, also aggressiver in seinem Ich-Ideal wird. Der gewöhnlichen Betrachtung erscheint dies umgekehrt, sie sieht in der Forderung des Ich-Ideals das Motiv für die Unterdrückung der Aggression. Die Tatsache bleibt aber, wie wir sie ausgesprochen haben: Je mehr ein Mensch seine Aggression meistert, desto mehr steigert sich die Aggressionsneigung seines Ideals gegen sein Ich. Es ist wie eine Verschiebung, eine Wendung gegen das eigene Ich." (FREUD 1923)

„In Wirklichkeit dient bei weitem der größte und wichtigste Teil des Aggressionstriebes als Motor jeder Bewegung, aller Aktivitäten, ob groß oder klein, und letzten Endes als Antrieb für das Leben selbst." (SPITZ 1953)

„Nach unseren Voraussetzungen ergibt sich folgerichtig, daß die Zeit des Alterns wie eine dauernde Herabsetzung ein starkes Minderwertigkeitsgefühl auslöst. Insbesondere werden alle darunter leiden, bei denen neurotische Disposition vorliegt. Zuweilen bringt das Alter erst ... den Zusammenbruch. Meist finden sich in der Vorgeschichte schon Spuren oder Ausbrüche neurotischer Erscheinungen. Das Alter mit seinen Einbußen wirkt wie andere Herabsetzungen des Persönlichkeitsgefühls. Der gereizte Aggressionstrieb sucht andere Wege, um eine Ausgleichung herbeizuführen, andere Wege, die leider in diesen Fällen nicht leicht zu haben sind." (ADLER 1912)

Aggressionen gehören zum täglichen Leben. In jedem psychotherapeutischen Behandlungsprozeß tauchen sie auf. Sie sind dort – in gewissem Umfang – geradezu erwünscht. Ihre Bearbeitung – nicht „Bekämpfung" – fördert den Heilungsprozeß. Allerdings sind nur die Aggressionen therapierelevant, die eine Person in ihrer Selbstwerdung einschränken, zur Krankheit führen oder geführt haben und die andere schädigen. Manche können sich von ihrer früh erworbenen Aggressionsgehemmtheit nicht befreien oder sind in ihrer destruktiv gefärbten Aggression zeitlebens so gefangen, daß sie diese im Altern bei einer neuen oder nicht mehr zu bewältigenden Krise gegen sich wenden (z.B. Körperfixierung oder Suizid). Wer im Alter verbittert und enttäuscht vom Leben ist, nur anderen die Schuld hierfür gibt, wird als „unausstehlicher, ekelhafter Alter" gemieden. Andere dagegen können erst während des Alterns ihre soziale Angepaßtheit oder ihr Ich-Ideal etwas lockern oder Aggressionen, zum Beispiel unter der Rolle eines „alten Narren", ausleben. Hilfreich sind hierbei Witz und Humor.

In der Kindheit werden aggressive Reaktionsmuster individuell geprägt. Aus Behandlungen mit über 60jährigen ist zu erfahren, daß diese in ihrer Kindheit überwiegend angehalten wurden, Gefühle zu verbergen, aggressive (positive wie negative) Impulse als „böse" oder „unanständig" zu empfinden und gegen diese mit „aller Gewalt" anzugehen. Die Vielfalt der unterschiedlichen Aufgaben und Belastungen sowie der Zwang zur Anpassung an äußere Gegebenheiten erfordern lebenslange Veränderung und Entwicklung der Aggression.

Eine der wichtigsten Erkenntnisse der Gerontologie ist, daß die inter- und intraindividuelle Schwankungsbreite von körperlichen, psychischen und sozialen Fähigkeiten und Fertigkeiten im Alter sehr groß ist. Dies gilt auch für aggressive Tendenzen, Handlungen und Impulse. Altern ist ein lebenslanger mehrschichtiger Prozeß und damit kein Abbau-, sondern ein Umbauprozeß. In jedem Lebensabschnitt müssen eigene Aufgaben sowie psychosoziale Krisen bewältigt werden. Der Aggressionsausbruch eines Kleinkindes, wenn ihm sein Teddy genommen wird, ist sicherlich nicht mit dem eines alten Menschen vergleichbar, der beispielsweise wegen einer Lähmung nicht mehr so gehen kann, wie er möchte.

Auch seine Folgen sind völlig andere als beim Kleinkind. Dieser alte Mensch erlebt immer wieder schmerzvoll, daß seine Lähmung nicht mehr heilbar ist. Er muß erst Trauerarbeit leisten, bevor er den Verlust der unbeschwerten Gehfähigkeit innerpsychisch verarbeiten und andere Kompetenzen fördern kann. Gelingt dies nicht, kann er unter Umständen für sein ganzes weiteres Leben in Wut gegen seinen Körper oder gegen seine Umwelt verharren und vereinsamen. Andererseits wird vom Älteren erwartet, daß er seine Aggressionen beherrscht. Auch eine Forderung der Jüngeren – ihrer Sichtweise entsprechend – nach dem „weisen Alten" oder der „idealen und aufopfernden Großmutter", die sich etwa um die Enkel kümmert, kann beim alternden Menschen Aggressionen auslösen.

Definition und Formen

Sehr unterschiedlich und kontrovers sind die Definitionen, Annahmen und Theorien zum Verständnis der Aggression in der Psychologie, Soziologie und in der Verhaltensforschung. Auch in der Psychoanalyse hat sich das Verständnis zur Aggression seit Freud erheblich verändert. Freud lehnte einen „besonderen Aggressionstrieb neben und gleichberechtigt mit den uns vertrauten Selbsterhaltungs- und Sexualtrieben" (Freud 1909) – in Kontroverse zu Adler (1908), der dem Aggressionstrieb die Hauptrolle im Geschehen, „im Leben und in der Neurose" zugewiesen hatte – erst ab. Er hielt Aggression zunächst für einen dynamischen Faktor im seelischen Erleben. So zählte er sie erst zu den Selbsterhaltungstrieben und hielt sie nur dann für einen Teiltrieb der Sexualität, wenn – wie beim Sadismus – der Sexualtrieb unter die Herrschaft aggressiver Selbsterhaltungstriebe gerät (Freud 1905). Mit der Entwicklung seiner Triebtheorien änderte er auch seine Vorstellung von der Aggression. In seiner letzten Triebtheorie spricht er von einem Aggressionstrieb: „Wir nehmen an, daß es zwei wesensverschiedene Arten von Trieben gibt, die Sexualtriebe, im weitesten Sinne verstanden, ... und die Aggressionstriebe, deren Ziel die Destruktion ist“ (FREUD 1933). Er betont in diesem Zusammenhang, daß alle Triebregungen aus „Mischungen oder Legierungen der beiden Triebarten bestehen, natürlich in den verschiedenartigsten Mischverhältnissen“.

In den 50iger Jahren bahnte sich eine „Allianz zwischen Psychoanalyse und Verhaltensforschung (Ethologie)“ bezüglich des Aggressionstriebes an. Die „Existenz des energetisch konzipierten und angeborenen destruktiv-aggressiven Triebes“ (MENTZOS 1994) wurde bekräftigt, insbesondere durch die Arbeiten von MITSCHERLICH (1956/57, 1969) und LORENZ (1963). Allerdings hat sich das Verständnis zur Aggression ebenso wie zur Libidotheorie FREUDS seither erheblich verändert. Immer mehr wird von der Vorstellung eines angeborenen und selbständigen Aggressionstriebs ebenso Abstand genommen (KOHUT 1979, THOMAE u. KÄCHELE 1985) wie davon, daß Aggression nur destruktiv sein kann (ELHARDT 1974, FROMM 1980, RIEMANN 1968, MENTZOS 1994). Ein integratives biologisch-psychologisch-soziologisches Aggressionsmodell wird derzeit angestrebt.

Der amerikanische Psychoanalytiker und Psychiater HACKER (1993) hat eine für die Praxis sehr nützliche Definition zur Aggression gegeben:

> „Wir definieren Aggression als die dem Menschen innewohnende Disposition, Kompetenz oder Bereitschaft, auf Grund seiner angeborenen Lernfähigkeit Handlungsweisen zu entwickeln, die sich ursprünglich in Aktivität und ‚Kontaktlust‘, später in den verschiedensten gelernten und sozial vermittelten, individuellen und kollektiven Formen, von Selbstbehauptung bis zur Grausamkeit, ausdrücken.“

Bereits ADLER (1920) unterschied zwei Hauptformen der Aggression. Die erste bezieht sich auf die dem System der quergestreiften Muskulatur eigene Betätigungsmöglichkeit. Es geht hierbei um die völlig wertfreie oder sogar positiv zu sehende Freude des Menschen am aktiven Eingreifen in die Umwelt und um seine Freude an der Expressivität. SCHULTZ-HENCKE (1951) nimmt diese Gedanken auf und beschreibt beim Kleinkind eine „Werkfreude". Mentzos sieht hier eine „sogenannte konstruktive Aggression". Riemann (1968) führt diese Vorstellungen weiter. Für ihn ist Aggression „eine dynamische Kraft, die ein Lebewesen zu seiner Entwicklung treibt, zum fortschreitenden Selbständigwerden, vom jeweils Erreichten weg, aus der Lust heraus, zur Freiheit". Die zweite Hauptform der Aggression, die destruktive und die offensichtliche Lust an ihr, die auf die Beschädigung, Demütigung oder Vernichtung von Objekten abzielt, ist für Adler – im Gegensatz zu Freud – ein rein reaktives Verhalten. Fromm (1980) beschreibt sehr ausführlich mehrere Arten von Aggressionen und unterteilt sie in „gutartige" (Pseudo- und defensive Aggression) und „bösartige" Aggression (Grausamkeit und Destruktivität), wobei er sich primär mit den aggressiven Impulsen befaßt „ohne Rücksicht darauf, ob sie sich in einem aggressiven Verhalten äußern oder nicht".

Die psychodynamische Struktur der Aggression unterteilt Elhardt (1974) nach dem jeweils intendierten Triebziel in der Objektbeziehung (im Verhalten wie in der Phantasie) in drei Gruppen (mit fließenden Tendenzen):

– *aktiv-spontane* (vermutlich endogene) Aggression ohne subjektiven Feindseligkeitsanteil: zum Beispiel allgemeines Neugierverhalten, Unternehmungslust, aktive Zuwendung zu Objekten;

– *reaktiv-defensive* Aggression mit Feindseligkeitsanteil: zum Beispiel allgemeine Abwendung von Objekten, grundsätzlich oppositionelles Verhalten, Trotz, Eigensinn, Ressentiment, Mißtrauen, angstgetriebene Flucht nach vorn;

– *aktiv-destruktive* Aggression mit überwiegender und subjektiv intendierter Feindseligkeit: zum Beispiel aktive willkürliche Zerstörung von Objekten, Verletzungen, Schädigungen, Quälen, Demütigen, Haß und Rache (aktiv oder passiv, etwa masochistischer Triumph).

Nicht ohne weiteres führt diese Einteilung zu einer Unterscheidung zwischen „gesunder" und „neurotischer" Aggression. Jede der genannten Formen (bzw. das Fehlen der anderen) kann beides sein (je nach Gesamtsituation, Alter, Gruppenrolle, soziale Umwelt usw.). Am ehesten vermag man dies noch bei der Betrachtung der jeweiligen Folgezustände zu beurteilen. Die möglichst ungestörte Entwicklung aktiv-spontaner und zum Teil auch der defensiven Aggression führt letztlich zu Selbständigkeit, Freiheit, Würde und Autonomie, aber damit auch zu einer angstfreien Möglichkeit reifer Anpassung im Sinn der Gruppen- und Gesellschaftsfähigkeit. Dieser „reifen Anpassung" steht eine neurotische gegenüber. Sie zeigt sich beispielsweise in übergefügigen Zügen des Konformismus um jeden Preis, auch um den der Selbstaufgabe. Damit soll die Angst vor Strafe, vor dem Liebes- oder gar dem totalen Objektverlust abgewehrt werden (ELHARDT 1968).

Bei der individuellen Aggression ist eine einzelne Person der Aggressor (z.B. gegenüber einem alten Menschen: „Alt und wertlos – was können Sie denn noch?"). Die Aggression ist eigenmotiviert (aktiv oder reaktiv, bewußt oder unbewußt) und meist gegen ein einzelnes Objekt gerichtet. Aggressionen, die gegen sich selbst gerichtet sind – Autoaggressionen – sind im Alter nicht selten (Selbstverletzung, Selbstmord). Bei der kollektiven Aggression (z. B. negativ gefärbtes Bild der Gesellschaft gegen das Alter) kennen sich die Aggressoren und das beziehungsweise die Opfer in der Regel nicht (NOLTING 1993). Oft ist ein Kollektiv (miteinander kooperierende Personen) gegen ein anderes aggressiv (z.B. Jüngere: „Die Alten nehmen unsere letzten Reserven", gegen Ältere: „Bei Hitler hat es wenigstens keine Arbeitslosen gegeben"). Bei vielen Beteiligten ist die Aggression „fremd-motiviert" (Vorbild, Aufhetzen gegen eine Person). Hemmungen vor Aggressionen sind oft durch Anonymität, Verantwortungsverteilung, Gruppenideologie oder anderes vermindert. Bekanntlich sind Aggressionen ansteckend und können durch Gruppendruck zu verheerenden Folgen führen.

Zu Entwicklung und Psychodynamik der Aggression

Ob sich die Aggression im Leben eines Menschen zu einer aufbauenden, adäquat gesteuerten, oder zu einer destruktiven, meist mit Angst und Angstabwehr verbundenen, Kraft entwickelt, hängt damit zusammen, ob ein Kind in seiner Entwicklung zur Gemeinschaftsbezogenheit (der Entwicklung eines gesunden Gemeinschaftsgefühls) ermutigt wurde oder nicht (ADLER 1920). Die kindliche Entwicklung beeinflußt auch, in welchem Ausmaß menschliches Verhalten durch Toleranz oder durch Aggression bestimmt ist. Je nachdem, in welchem Stadium der kindlichen Individuation das dynamische Wechselspiel zwischen dem heranreifenden Ich und der Umwelt disharmonisch wird, unterscheidet sich die Art der kindlichen Aggression. Es hängt vom Gelingen oder Mißlingen dieser Kind-Umwelt-Interaktion ab, ob konstruktive oder destruktive Züge bei der Entwicklung der aggressiven Dynamik überwiegen (EGGERS 1980). Zu den einzelnen Entwicklungs-Phasen lassen sich bestimmte Aggressionsformen und deren Funktionen beschreiben (KLOSINSKI 1992). Wenn in der Entwicklung Störungen auftreten, kommt es auch zur Fehlentwicklung von Aggression. ELHARDT (1974) hat diese, den Libido-Entwicklungs-Phasen entsprechend (unter Hinweis auf hieraus resultierende Krankheitsbilder), zusammengestellt (Tabelle 1).

WINNICOTT (zit. nach DAVIS u. WALLBRIDGE 1983) spricht davon, daß eine gelungene „gekonnte“ und „konstruktive“ Aggressivität vom Erreichen der Fähigkeit zum Objekt-Gebrauch und von einer fürsorglichen Umwelt abhängt. KLOSINSKI (1992) unterstreicht dies: „Häufig basieren aggressive und selbstdestruktive Gedanken und Handlungsweisen unserer Kinder und Jugendlichen auf einer gestörten Individuations- und Separationsphase mit mangelnder Objektkonstanz bei einer hochambivalenten Mutter-Kind-Beziehung.“ Immer wieder ist ein tragischer intergenerativer Wiederholungszwang feststellbar: Wer selbst als Kind geschlagen oder kontinuierlich in seiner Entwicklung beeinträchtigt wurde, wird dies auch meist mit seinen Kindern tun. Diese schlagen

Tabelle 1: Aggressionsformen, -funktionen und Fehlentwicklungen (nach ELHARDT 1974, KLOSINSKI 1992)

Libido-Entwicklungs-Phase:	Aggressionsformen und -funktionen	Aggressive Fehlentwicklung	Beispiele von resultierenden psychosomatischen Krankheiten
Intentionale	Ungerichtetes Unlustschreien und Wutschreien als Appell an die Umwelt	Schizoid-objektlose Aggressivität, Auto-Aggression	Hospitalismussyndrom, Hauterkrankungen, Atemwegserkrankungen
Orale	Aggressiv-intentionale Möglichkeit des Zupackens und Beißens, anschließend aggressives Verhalten, um Dualunion aufzuheben (die als böses Objekt erlebte Mutter muß sozusagen zerstört werden und gleichzeit überleben)	Störung der oralaggressiven Entwicklung, Regression auf passive Wünsche (evt. Sucht)	Anaklitische Depression, Stoffwechsel-, Magen- und Eßstörungen, Mager- und Fettsucht
Anale	Aggression ist notwendige Begleiterscheinung im Sozialisationsprozeß: Bekräftigungslernen, Imitation von Bezugs- und Modellpersonen	Retentive Hemmung, Fixierung in Trotzhaltung, anale Aggressivität	Obstipation, Durchfall, Colitis, Colitis ulcerosa, Einkoten

Motorisch-aggressive	Aktiv-spontane Aggression durch Einsatz der Extremitäten und der Sprache mit Expansionsdrang auf die Umwelt, Erleben von Widerstand	Motorische Einschränkungen (keine motorisch-aggressive Endhandlung)	Herz-Kreislauf, muskuläre Krankheiten, Stottern, Tic, neurogene Tetanie
Urethrale	Aggressionen zur Notwendigkeit der rivalisierenden Auseinandersetzung mit Geschwistern und Gleichaltrigen	Fixierung der phallischen Geltungshaltung bzw. überwertige Hingabe	Bettnässen, psychogene Harnsperre
Phallische	Aktiv-spontane Aggression begleitet von libidinöse Wünschen gegenüber den Eltern, reaktive Aggression gegen Widerstände und Versagungen, personale Wünsche und Ängste fördern Aggressionsentwicklung	Ödipale Aggressivität bzw. Regression auf unaggressive sexuelle Verhaltensweisen (passive, nur zärtliche, kontaktlose u.a.)	Potenzstörungen, Frigidität

wiederum ihre, wenn nicht von außen Hilfe kommt (z.B. durch eine Behandlung).

Im Gegensatz zu Erkenntnissen über die diesbezügliche Entwicklung bei Kindern sind die über Erwachsene in verschiedenen Lebensphasen eher spärlich. Gab es auch immer wieder Psychoanalytiker, die alte Menschen – trotz der bekannten Warnung von FREUD (s. Zusammenfassung von RADEBOLD 1994a) – behandelten (z.B. FERENCZI und ABRAHAM), so ist das Interesse daran erst in den letzten Jahrzehnten gewachsen (RADEBOLD 1992). Vielerlei Gründe werden für die bisherige Zurückhaltung angeführt, wie etwa die Negierung einer lebenslangen Entwicklung eines Menschen oder die Behauptung, „Altern" bedeute „Abbau". Hinter diesen Gründen und dem geringen Interesse von Psychotherapeuten an alten Menschen verbergen sich sicherlich auch individuelle und kollektive Aggressionstendenzen (HEUFT 1990, HIRSCH 1993, HINZE 1990, RADEBOLD 1992, 1994b).

OLBRICH (1994) geht in jüngster Zeit in einem Übersichtsartikel auf die Frage der Entwicklung im Alter ein. Er stellt Trait-Modelle den prozeßorientierten Modellen gegenüber und empfiehlt eine Synthese beider, da sie unterschiedliche Bereiche erfassen. Der prozeßorientierte Zugang, der in der vorliegenden Arbeit mehr von Bedeutung ist, beschreibt nach OLBRICH „nicht nur ein Zusammenspiel zwischen Person und Situation über die Zeit in Begriffen, die Individuelles, Spezifisches und Variables ausdrücken, er verzichtet dabei auf die Forderung, daß die mit den Begriffen gemeinten Konstruktionen über biographische und historische Zeit ebenso wie über Personen, Gruppen und Kulturen hinweg je identisch sein sollten".

Nur wenige Autoren, die sich mit Psychotherapie im Alter befassen, gehen in ihren Arbeiten auf das Problem der Aggression im Alter differenzierter ein. Einige Hinweise für Veränderungen und Entwicklungstendenzen von Aggression im Alter lassen sich insbesondere aus den Arbeiten über den Lebenszyklus von ERIKSON (1988), der Lebenslauf-Forschung von VAILLANT (1980), aus einigen weiteren Arbeiten (z.B. ADLER 1912, BATTEGAY 1992, HEUFT 1994, HEDRI 1968, RA-

DEBOLD 1992, WERTHEIMER u. LOBRINUS 1981) und fast aus jeder Behandlung alternder Menschen entnehmen.

Einzubeziehen in entwicklungsdynamische Überlegungen zum Altern ist die sehr große interindividuelle Variationsbreite der Aufgaben, die auf einen zukommen, wobei diese in der Regel nicht chronologisch zugeordnet werden können. Durch psychosoziale Krisen, die in unterschiedlicher Weise in jeder Lebensphase auftreten, werden vom Menschen Entwicklungsschritte gefordert, die auf der Art der Bewältigung früherer basieren. ERIKSON (1988) spricht davon, daß im Alter eine Ich-Integrität erreicht werden soll. Er versteht hierunter „ein Einvernehmen mit den regulierenden Maßnahmen und unterschiedlichen Strebungen vergangener Zeiten" und eine „zeitlose Liebe zu jenen paar ‚anderen', die zu den wichtigsten Gegenspielern in den wichtigsten Lebenszusammenhängen geworden sind". Gelingt diese Integrität nicht, droht Verzweiflung, die großteils „aus einem anhaltenden Gefühl von Stagnation" besteht. ERIKSON betont ausdrücklich, daß „im Alter alle Qualitäten der Vergangenheit neue Werte annehmen". Obwohl VAILLANT (1980) in seiner Untersuchung nur rund 50jährige Männer, die gegen Ende ihres Studiums bereits schon einmal untersucht worden waren, erfaßte, sind einige seiner Ergebnisse in diesem Zusammenhang von Bedeutung. Er konnte belegen, daß mit zunehmendem Alter reifere Abwehrmechanismen bevorzugt und vermehrt verläßliche Lebensorientierungen entwickelt werden. Nach seiner Ansicht prägen einen Menschen weniger isolierte traumatische Ereignisse als vielmehr ein länger andauerndes ambivalentes Verhältnis, aus dem man sich nicht lösen kann. Psychische Erkrankungen versteht er eher als äußere Anzeichen für innere Kämpfe, mit denen sich das Individuum an das Leben anzupassen versucht. HEUFT (1994) spricht in seinem „bio-psycho-sozialen psychodynamischen Konfliktmodell des Lebenslaufs" von drei im Lebenslauf wechselnden „Organisatoren". Bis zum Erwachsenenalter ist dies der „psychische Organisator" (Entwicklungsdimensionen: Trieb, Ich, Primärobjekte, Narzißmus), in der Erwachsenenperiode der

„objektale Organisator" (Entwicklungsdimensionen: Objektbeziehung, soziale Kompetenz, Objekterfahrung, Teilhabe) und im Alter der „somatogene Organisator" (Entwicklungsdimensionen: Soma, Körper, Verkörperungen, Leib). Verdeutlicht werden in diesem Modell die unterschiedlichen Entwicklungsschritte sowie deren Psychodynamik und Bezugspunkte im Lebenslauf.

Während des Alterns muß sich jeder Mensch intensiver als in den übrigen Lebensabschnitten mit seinem Körper und seiner sozialen Umwelt auseinandersetzen und sich anpassen. Neue, bisher noch nicht gestellte Aufgaben müssen bewältigt werden. Bisherige Aggressionsformen reichen schon aufgrund der immer wieder variierenden körperlichen Möglichkeiten und der erheblich veränderten äußeren Objekte nicht aus. So kann zum Beispiel ein früher sehr unternehmungslustiger alter Mensch aufgrund eines Gebrechens nur noch mit Mühen Wanderungen unternehmen, und jemand, der sich sehr gerne in Gesellschaften unterhalten hat, wird sich wegen im Alter erworbener Schwerhörigkeit eher zurückziehen. Nach der Verwitwung sind viele (überwiegend Frauen) zum Alleinleben gezwungen und müssen sich umstellen. Durch äußere Einflüsse wird eine bisher vorhandene kreative und dynamische Aggression in Frage gestellt und erfordert erst eine innere und äußere Anpassung an die Veränderungen, um dann zu einer „Und-trotzdem-Haltung" zu kommen.

Die reaktiv-defensiven und aktiv-destruktiven Aggressionsformen werden mit zunehmendem Alter eher noch kompromißloser und zugespitzter. Durch die Abschwächung des Adaptationsvermögens können Aggressionen nicht mehr so kontrolliert werden wie früher und arten oft explosionsartig aus. Mißtrauen kann sich in Wahn wandeln, Einsamkeit in Isolation. Wut, Haß und Neid steigern sich gegebenenfalls so sehr, daß ein Suizid hieraus resultiert. Trauerarbeit nach Kränkungen, Verlusten oder Trennungen kann durch aggressive Impulse gehemmt werden. Andere werden als Schuldige für diese bezichtigt. Massive Aggressionen können beispielsweise gegen den verstorbenen Partner auftreten, der weggegangen ist, ohne sich um den Hinterbliebenen zu kümmern. Defensive Aggressionen werden bevorzugt auf den eigenen Körper projiziert und äußern sich in multimorbiden Beschwerden oder Erkrankungen. Körperliche Beschwerden können Ausdruck aggressiven und anklagenden Verhaltens gegenüber der Umwelt sein, so daß die Gefahr besteht, die noch vorhandenen Kontakte zu zerstören (Bron 1993). Lebenslange aggressive pathobiotische Beziehungen können in sadistische und/oder masochistische Quälereien ausarten.

Felder der Aggression im Alter

Radebold (1992) gibt einen Überblick über „Aufgaben“, die an Alternde gestellt werden. Er betont, daß chronologische Vorgaben, wie etwa für frühere Lebensphasen, wegen der sehr großen individuellen Schwankungsbreite im Alter hierzu nur eingeschränkt möglich sind, und unterteilt daher die Aufgaben nur grob in drei Lebensspannen, beginnend ab dem 45. bis 50. Lebensjahr. Da diese Aufgaben auch Felder der Aggression sein können, sollen sie aufgeführt werden:

- Reagieren auf den sich verändernden eigenen Körper;
- Umgehen mit den eigenen libidinösen, aggressiven und narzißtischen Strebungen;
- Gestalten der intragenerativen Beziehungen;
- Pflege von noch bestehenden Beziehungen bei Suche nach neuen;
- Gestalten der intergenerativen Beziehungen;
- Sich-Stabilisieren durch Beruf und Interessen;
- Erhalten der sozialen Sicherheit/Versorgung;
- Erhalten der eigenen Identität;
- Einstellen auf die sich verändernde Zeitperspektive sowie auf Sterben und Tod.

Ob und wie Aggression zur Bewältigung oder zum Bewältigungsversuch der jeweiligen Aufgabenbereiche eingesetzt wird, ist abhängig vom jeweiligen psychischen Entwicklungsstand, dem jeweiligen „Aggressions-Entwicklungsstand", dem körperlichen Zustand, den sozialen Möglichkeiten, der jeweiligen Situation und der Art der Anpassungsfähigkeit. Hierzu drei kurze Vignetten:

a) Eine 74jährige Witwe reagierte auf den Tod ihres Mannes depressiv. In ihrem bisherigen Leben hatte sie immer eine Person, erst ihren Vater, später ihren Ehemann, die sie führte. In weiteren Gesprächen stellte sich eine massive Aggression gegen den Ehemann und auch den Vater heraus, die sie abhängig von sich gemacht hätten. Nach Äußerung und Verarbeitung von Wut und Haß, ohne dabei ihre Zuneigung zu diesen für sie wichtigsten Bezugspersonen aufgeben zu müssen, konnte sie sich auf ein Alleinleben einstellen und begann, sich neu zu orientieren.

b) Eine 65jährige, pensionierte Lehrerin kommt zur Behandlung wegen depressiver Symptome, insbesondere Lustlosigkeit, Antriebsschwäche, Schlafstörung und Desinteresse an allem. Sie ist Tochter eines Missionars, lebte in ihrer Jugendzeit im Ausland, hat eine glückliche Ehe hinter sich und den Tod ihres Mannes vor vier Jahren gut bewältigt. Sie habe immer „das Leben angepackt". Nur jetzt gelänge ihr dies nicht mehr. Im Laufe der Behandlung berichtet sie zögernd, daß sie sich vor kurzem in einen zehn Jahre jüngeren Musiklehrer, der verheiratet ist, verliebt habe, diesem ihre Liebe zu gestehen sich aber nicht traue. Dies könne sie auch aufgrund ihrer sehr religiösen Erziehung nicht. In einer der nächsten Stunden berichtet sie empört, daß eine andere verheiratete Frau sich diesen Mann „erobert" habe. Sie ist wütend. Im Nachfragen zeigt sich, daß sie über den Therapeuten verärgert ist, da er ihr nicht ihre „antiquierten Schamgefühle" genommen habe. Sonst hätte sie jetzt diesen Mann und wäre sicherlich nicht mehr depressiv. In dieser Stunde berichtet sie, daß sie mit 14 Jahren vergewaltigt wurde und lange darunter gelitten habe. Sie habe dieses Ereignis zeitlebens verdrängt, und erst jetzt hätte sie sich wieder daran erinnern können. Verdrängte aggressive Impulse verhinderten eine Neuorientierung. Erst durch ein aktuell schambesetztes Ereignis und dessen „falschen Umgang" durch den Therapeuten mit nachfolgender Klärung, konnte eine Veränderung einsetzen.

c) Ein 64jähriger Patient, der seit 10 Jahren berentet ist, kommt aus Angst vor dem Drang, seine Schwiegertochter umbringen zu müssen, obwohl er „keiner Fliege etwas zuleide tun könne", zur Behandlung. Der Patient wirkt wie ein großer kraft- und hilfloser

Junge, der vom Schicksal überrollt wurde. Er ist überangepaßt, weint öfters in sich hinein, scheut den Blickkontakt und fühlt sich „wie ausgelaugt". Er hatte vor zehn Jahren einen Herzinfarkt und wurde von seiner Kasse zur Rente „gezwungen", obwohl er noch hätte arbeiten wollen. In der ersten Zeit der Behandlung machte er für sein tragisches Schicksal die Umwelt verantwortlich. Zudem haßt er seine Schwiegertochter. Diese habe seinen Sohn dazu gebracht, das vom Vater aufgebaute gutgehende Geschäft zu verkaufen. Auch sei sie berufstätig und kümmere sich nicht um ihre beiden Kinder. Erst nach Konfrontation mit seinem aggressiv-gehemmten Verhalten während der Behandlung und gegenüber seinem Wunsch nach Arbeit, wird sein aktuell destruktiver Konflikt deutlich: Er hat sich seit der Berentung um seine Enkel intensiv gekümmert und beansprucht hierfür die Mutterrolle. Diese durfte er über Jahre mehr oder weniger ausüben. Seit einiger Zeit will ihm die Schwiegertochter diese Rolle wegnehmen. Er fühlt sich erneut (wie nach der Berentung) existentiell und narzißtisch schwer gekränkt. Da er auf „seine Aufgabe" so fixiert ist, reagiert er mit destruktiver Aggression.

Therapeutische Ansätze

Nicht jede Aggression bedarf einer Behandlung. Kreativ lebensbejahende, ohne subjektiven Feindseligkeitsanteil ausgestattete, aktiv-spontane Aggression – auch wenn sie für manchen Jüngeren befremdend wirkt und ihn stört – bedarf keiner therapeutischen Beeinflussung. Erinnert sei an die „unwürdige Greisin" von Bert Brecht. Für die von Elhardt (1974) beschriebenen reaktiv-defensiven und aktiv-destruktiven Formen der Aggression kann eine Psychoanalyse durchaus angezeigt sein. Auch bei über 60jährigen kann die Aufdeckung eines Konfliktes, dessen Resultat Aggression ist, deren lebenslange „starre" Wiederholung und damit verringerte Lebensqualität, im Vordergrund der therapeutischen Arbeit stehen. Für manche reicht die alleinige Wahrnehmung von Aggressionen und der damit verbundenen Objekte aus, um deren Sublimierung anzustreben.

Natürlich ist auch kein Therapeut frei von aggressiven Impulsen, auch nicht in der Therapie. Hinzu kommen in

Tabelle 2: Schwierigkeiten und Gegenübertragungsaspekte von jüngeren Therapeuten in bezug auf aggressives Verhalten von alten Patienten *)

Aktiv spontane positive Aggressionen von alten Patienten können im Therapeuten Neid- und Eifersuchtsgefühle auslösen.

Teil-Therapieerfolge, die zu einer veränderten positiven Lebenseinstellung und zum Genießen des Lebens führen, können im Therapeuten (der noch viele Jahre arbeiten muß) Wut-, Neid- und Haßgefühle, aber auch depressive Gefühle auslösen.

Ältere werden als schwache hilfsbedürftige Eltern angesehen und können Anlaß für Rache- und Revanchegelüste, aber auch regressive Tendenzen werden.

Der Tod oder der Eintritt einer akuten Erkrankung eines Patienten können aggressiv-gehemmte oder Schuldgefühle auslösen.

Eigene Wünsche nach idealen, großartigen „Eltern“ oder nach Verwöhnung als „bestes Kind“ können im Sinne einer Idealisierung durch eigene aggressive Impulse abgewehrt werden.

Eine Teilidentifizierung mit Angehörigen von Patienten kann als Folge haben: z.B. Ärger, Wut, Haß auf den Patienten.

Auf den jüngeren Therapeuten von alten Patienten übertragene intensive destruktive Aggressionen (z.B. auch in Verbindung mit dem Nationalsozialismus) werden anders erlebt als von jüngeren Patienten. Gegenübertragungsaspekte wie Schuldgefühle, Hilflosigkeit, aber auch massive Gegenaggressionen können entstehen.

Der Wunsch des Therapeuten nach „weisen Alten“ (nach dem „jenseits von Gut und Böse“), nicht nach pflege- und hilfsbedürftigen Alten kann bei Nichterfüllung aggressive, aber auch regressive Impulse in ihm wecken.

Die Einbeziehung des alternden Körpers in die Behandlung, Behandlungsunterbrechungen z.B. durch Klinikaufenthalte, Besuche bei Ärzten, Medikamenteneinnahme können im Therapeuten zu Omnipotenz, aber auch zu destruktiven Phantasien führen.

*) Unter Einbeziehung der allgemeinen Vorgaben hierzu von Radebold (1992)

der Behandlungssituation über 60jähriger – mitbedingt durch die asymmetrische Beziehung: alter Patient – jüngerer Therapeut – verdeckte oder offene Aggressionsausbrüche. Hilfreich für die Behandlung ist zu erkunden, welche Formen von Aggression potentiell mögliche Veränderungs- oder Entwicklungsschritte hemmen und welche psychosozialen Aufgaben für den Patienten im Vordergrund stehen. Manchmal ist es notwendig, gerade bei aggressionsgehemmten Patienten, auch den/die Angehörigen durch ein gemeinsames Gespräch – seltener durch mehrere Gespräche – einzubeziehen. Auch der Partner des Patienten muß bereit sein, Veränderungen des Angehörigen und nicht nur einer isolierten Symptomverringerung (diese geht ja in der Regel mit einer Veränderung einher) positiv gegenüberzustehen. Die Veränderung einer mit gehemmter Aggression einhergehenden Pathobiose von Partnern wird sonst nicht gelingen. Folge ist dann ein Behandlungsabbruch. Manche Schwierigkeiten und Gegenübertragungsaspekte von jüngeren Therapeuten sind bei der Aggressions-Bearbeitung von alten Menschen typisch (einige werden auf Tabelle 2 dargestellt).

Ausblick

Je nach Art der Aggression kann sich diese positiv oder negativ auf den Lebenslauf auswirken. Vielfältige Möglichkeiten bietet das Leben zur Bewältigung an. In Anlehnung an Vaillant (1980) läßt sich sagen, daß kein Mensch ein „unangenehmer Typ", ein „destruktiv-aggressiver Typ" oder ähnliches von Geburt an oder durch seinen eigenen Willen hierzu wurde. Durch unbewußte Anpassungsbemühungen (diese können auch Aggressionen sein), die nur zum Teil oder gar nicht geglückt sind, an eine unverständliche und komplizierte Welt sowie durch Verhinderung von ausreichender psychosozialer Entwicklung und wenigen auch äußeren Chancen und Möglichkeiten, bleibt mancher lebenslang in seinen Aggressionen verwoben. Diese lassen sich während des Alterns meist nur dann therapeutisch günstig beeinflussen, wenn dem Patienten vermittelt werden kann, daß er dadurch angstfreier und offener für neue Aufgaben werden kann („es sich lohnt“). Alternsprozesse (z.B. Nachlassen der Kontrolle, Veränderung von sozialen Aufgaben, körperliche Erkrankungen) und akute Krisen (z.B. Verlust oder Trennung) können eine oft erste Möglichkeit bieten, sich für eine Behandlung zu entscheiden. Leider bekommen über 60jährige hierfür von Psychoanalytikern noch zu selten eine Chance.

Literatur

Adler, A. (1908): Der Aggressionstrieb im Leben und in der Neurose. In: Adler, A.; Furtmüller, K. (Hg.), Heilen und Bilden. Fischer, Frankfurt a.M. (1914/1928).

Adler, A. (1912): Über den nervösen Charakter. Fischer, Frankfurt a.M. (1977).

Adler, A. (1920): Praxis und Theorie der Individualpsychologie. Fischer, Frankfurt a.M. (1994).

Battegay, R. (1992): Abnahme des Narzißmus im Alter und Suizid. Schw. A. Neurol. Psych. 143: 293–306.

Bron, B. (1993): Zur Psychotherapie depressiver Alterspatienten mit pathologischen Trauerreaktionen. Zsch. psychosom. Med. 38: 346–357.

Davis, M.U.; Wallbridge, D. (1983): Eine Einführung in das Werk von D.W. Winnicott. Klett-Cotta, Stuttgart.

Eggers, C.H. (1989): Kinderpsychiatrische Überlegungen zu Aggression und Toleranz. Nervenarzt 51: 280–288.

Elhardt, S. (1968): Über gesunde und neurotische „Aggression“. Zsch. psychosom. Med. 14: 175–187.

Elhardt, S. (1973): Aggression als Krankheitsfaktor. Vandenhoeck u. Ruprecht, Göttingen.

Erikson, E.H. (1988): Der vollständige Lebenszyklus. Suhrkamp, Frankfurt a.M.

Freud, A. (1933): Neue Folge der Vorlesungen zur Einführung in die Psychoanalyse. GW XV. Fischer, Frankfurt a.M. 1973 (6. Aufl.).

Freud, S. (1909): Analyse der Phobie eines fünfjährigen Knaben. GW VII. Fischer, Frankfurt a.M. 1966 (4. Aufl.).

Freud, S. (1923): Das Ich und das Es. GW XIII. Fischer, Frankfurt a.M. 1969 (6. Aufl.).
Fromm, E. (1980): Aggressionstheorie. Gesamtausgabe, Bd. 7. Deutsche Verlags-Anstalt, Stuttgart.
Hacker, F. (1993): Aggression. Econ, Düsseldorf.
Heuft, G. (1990): Bedarf es eines Konzeptes der Eigenübertragung? Forum Psychoanal. 6: 299–315.
Heuft, G. (1994): Persönlichkeitsentwicklung im Alter – ein psychoanalytisches Entwicklungsparadigma. Z. Gerontol. 27: 116–121.
Hirsch, R.D. (1993): Psychotherapie im Alter. Psycho 19: 686–697.
Klosinski, G. (1992): Funktion und Rolle der Aggression in der Entwicklung. In: Pflüger, P.M. (Hg.), Gewalt-Warum? Walter, Olten, S. 11–30.
Kohut, H. (1979): Die Heilung des Selbst. Suhrkamp, Frankfurt a.M.
Lorenz, K. (1974): Das sogenannte Böse. DTV, München 1983 (19. Aufl.).
Mentzos, S. (1994): Der Krieg. Fischer, Frankfurt a.M.
Mitscherlich, A. (1956/57): Aggression und Anpassung. Psyche 10: 177–193.
Mitscherlich, A. (Hg.; 1969): Aggression und Anpassung. Piper, München 1992.
Nolting, H.-P. (1995): Lernfall Aggression. Rowohlt, Reinbek.
Olbrich, E. (1994): Konstanz oder Veränderung der Persönlichkeit im Alter? Z. Gerontol. 27: 83–95.
Radebold, H. (1992): Psychodynamik und Psychotherapie Älterer. Springer, Berlin.
Radebold, H. (1994a): Freuds Ansichten über die Behandelbarkeit Älterer. Z. psychoanal. Th. u. Prax. 9: 247–259.
Radebold, H. (1994b): Psychoanalytische Psychotherapie und Psychoanalyse im höheren und hohen Erwachsenenalter. Z. psychoanal. Th. u. Prax. 9: 439–451.
Riemann, F. (1968): Frühkindliche Formen der Aggression. Fortschritte Psychoanal., Int. Jhb. Weiterentw. Psychoanal., Band III.
Schultz-Hencke, H. (1951): Lehrbuch der analytischen Psychotherapie. Thieme, Stuttgart.
Spitz, R.A. (1953): Aggression: Its Role in the Etablishment of Objekts Relations. In: Loewenstein, R.M. (Hg.), Drives, Affects Behavior. Int. Univ. Press, New York.

Thomae, H.; Kächele, H. (1986): Lehrbuch der psychoanalytischen Therapie – Bd. I. Springer, Berlin.
Vaillant, G.E. (1980): Werdegänge. Rowohlt, Reinbek.
Wertheimer, J.; Lobrinus, A. (1981): Psychotherapie neurotischer Störungen beim alten Menschen: Eine neue Öffnung ins Leben. Z. Gerontol. 14: 22–33.

Johannes Kipp

Erinnerung an Kindheit und Jugend bei alten Menschen

„Meine früheste Erinnerung ist in Rot getaucht. Auf dem Arm eines Mädchens komme ich zu einer Türe heraus. ... Gegenüber ... ein lächelnder Mann tritt heraus, der freundlich auf mich zugeht. Er tritt ganz nah an mich heran, bleibt stehen und sagt zu mir: „Zeig Deine Zunge!" Ich streckte die Zunge raus, er greift in seine Tasche, zieht ein Taschenmesser hervor, öffnet es und führt die Klinge ganz nahe an meine Zunge ran." (E. Canetti 1977)

Darauf ward Hochzeit gefeiert und sie lebten vergnügt bis an ihren Tod. (Brüder Grimm „Allerleirau")

Summary: Elderly People's Memory of Childhood and Youth

In old age exciting and frightening events in childhood are remembered more easily than harmonious times. Elderly people think a lot about their childhood and youth, unless they are depressed. If gained knowledge isn't used, it gradually goes down. People, who like to talk about their own lives, can recall events of their youth better.

Often the stories have then the character of narcissistic confirmation. This is especially important, because in old age we loose friends and partners (tertiary narcissism). Many stories can also be seen in their relational aspect: if old people tell their doctor about good doctors they had in the last, they might implicitly criticise him.

In interviews old people frequently tell about memories of their childhood. In longterm therapies new recollections are rare, but patients tend to repeat former experiences. In this transference they will behave towards their therapist, as if he were father or mother. Perhaps the patient doesn't want to talk about old conflicts in this context. Working through of old memories can be helpful in psychotherapy of elderly, but you have to begin with present conflicts in therapeutic relationships.

Einleitung

Die erste Erinnerung, die Canetti in seiner nach diesem Erlebnis benannten Autobiographie als 72jähriger Schriftsteller publizierte, konnte er durch späteres Nachfragen auf das zweite Lebensjahr datieren. Dieser große Erzähler stellt dort weitere erregende oder furchteinflößende Erinnerungen an die Kindheit dar. Über seine harmonischen Beziehungen zu Vater oder Mutter berichtet er wenig, höchstens, daß der Vater häufig abwesend war.

Autobiographien sind in der Regel eine Angelegenheit des letzten Lebensdrittels. Nicht nur literarische Erzähler wenden sich im Alter zunehmend dem eigenen Leben in Kindheit und Jugend zu. Für Menschen, die gerne erzählen, wird mit zunehmendem Alter die eigene Biographie wichtiger.

Obwohl auffällt, daß ältere Menschen häufig von ihren früheren Erlebnissen sprechen, ist dies kein generelles Phänomen. Depressive Menschen im Alter sind von ihrer Vergangenheit häufig wie abgeschnitten. Die Autobiographie erscheint wie ein Skelett (Kipp 1993), die Fähigkeit, über die eigene Kindheit oder Jugend zu sprechen, fehlt, und die Lebenserinnerungen sind auf wenige Szenen reduziert.

Unvergleichbar reicher und lebendiger erscheinen die oft szenenhaft erzählten beziehungsweise dargestellten Lebenserinnerungen von dementen Patienten, deren Gedächtnis durch den hirnorganischen Abbau eingeschränkt ist. Szenen des früheren Lebens erscheinen viel aktueller (FUCHS 1995); die Vergangenheit wird nicht mehr vergegenwärtigt, sondern plötzlich selbst zur Gegenwart. Vielleicht ist es auch ein Rückzug aus der Gegenwart, in der sich die Demenzkranken nicht mehr zurechtfinden, in eine sichere oder bestätigende imaginierte Vergangenheit (KIPP 1992). Die Erinnerung an Kindheit und Jugend ist also sehr unterschiedlich.

Nach psychoanalytischer Auffassung besteht zwischen krankheitsauslösenden Konflikten in späteren Lebensaltern ein enger Zusammenhang zu unerledigten Konflikten in der frühen Kindheit (LUBORSKY 1988). Auch deshalb ist es wichtig, sich mit den Erinnerungen an Kindheit und Jugend auseinanderzusetzen.

Bevor ich näher auf die psychoanalytischen Aspekte des Erinnerns eingehe, sollen einige Gesichtspunkte zum Erinnern und Behalten sowie zum Gedächtnis aus der empirischen Gedächtnisforschung referiert werden.

Gedächtnis und Erinnern – einige Ergebnisse aus der kognitiven Psychologie

In der Gedächtnispsychologie werden unter anderem drei Kategorien von Erinnerungen unterschieden (BREWER u. PANI 1983, zit. nach GLOWALLA et al. 1989), nämlich

- persönliche Erinnerungen, die Ereignisse umfassen, an denen der Erinnernde beteiligt war, und die szenenhaften Charakter haben;
- allgemeine Erinnerungen, bei denen kein Zusammenhang mehr mit der Situation besteht, in der das Wissen erworben wurde; dazu gehören Worte und ihre Bedeutungen, aber auch konkrete Begriffe (wie z.B. „Gefriertruhe“);
- Fähigkeitserinnerungen, die aus kognitiven oder motorischen Fähigkeiten bestehen.

Wesentlich ist auch die Unterscheidung von drei Gedächtnisprozessen: dem Erwerb, dem Behalten und dem Abruf von Informationen oder Gedächtnisinhalten. In der Psychologie werden weitere Gedächtnismodelle diskutiert von Mehrspeicher- bis hin zu Netzwerkmodellen (KUNZ 1990). Die meisten Untersuchungen weisen darauf hin, daß ein sensorisches Gedächtnis, das Eindrücke der Umwelt umfassend für eine sehr kurze Zeit (visuelle Reize ca. ¼ Sek., akustische Reize bis zu 2 Sek.) aufnimmt, dem Kurzzeitgedächtnis vorgeschaltet ist und dem bewußten, selektiven Zugriff der Aufmerksamkeit zur Verfügung steht.

Im Kurzzeitgedächtnis befinden sich die aktuell verfügbaren Informationen. In ihm findet die Begriffsbildung von Wahrnehmungsinhalten sowie die Aktivierung von Wissen, Erfahrungen und Erinnerungen aus dem Langzeitgedächtnis statt. Die Kapazität des Kurzzeitgedächtnisses ist begrenzt. Dessen Inhalte verblassen innerhalb von 20 Sekunden, es sei denn sie werden innerlich wiederholt, wie eine maximal sechs- bis achtstellige Telefonnummer auf dem Weg zum Telefon. Eine über die schlichte Wiederholung hinausgehende, im Sinne einer Bedeutungssuche vertiefende Bearbeitung von Inhalten im Kurzzeitgedächtnis führt zur Speicherung in dem Langzeitgedächtnis. Je mehr assoziative Verbindungen zwischen verschiedenen Gedächtnisinhalten im Verlaufe dieses Prozesses hergestellt werden, desto leichter ist ein späterer Abruf. Die Prozesse der Informationsaufnahme, des Behaltens oder Speicherns im Langzeitspeicher und des Abrufs werden in diesem Modell dem Kurzzeitgedächtnis zugeschrieben, weshalb es auch als Arbeitsspeicher bezeichnet wird. Das Langzeitgedächtnis darf man sich nicht wie die Festplatte eines Computers vorstellen, auf deren Inhalt nur über künstliche Adressen zugegriffen werden kann, vielmehr sind dessen Inhalte vielfach miteinander verknüpft, so daß deren Aktivierung und Abruf entlang dieser assoziativen Verbindungen stattfindet.

Im Langzeitgedächtnis werden semantische Gedächtnisinhalte mit sprachlichen Informationen, also allgemeinen Erinnerungen, von episodischen oder autobiographischen

Anteilen (Tulving 1979) mit räumlich-zeitlichen Informationen beziehungsweise deren Repräsentationen unterschieden. Es gilt als gesichert, daß leichtere Formen hirnorganisch bedingter Gedächtnisstörungen eine Störung episodischer Anteile und weniger der semantischen Erinnerung hervorruft.

Nach Anderson (1989) schwindet die Wissensstruktur im Langzeitspeicher mit der Zeit. Beim Erinnern muß die Information im Langzeitgedächtnis aktiviert werden, und die Erinnerungsleistung hängt mit dieser assoziativen Aktivierung zusammen. Sie funktioniert um so besser, je häufiger die Pfade der Erinnerungen begangen werden. Hinsichtlich unserer Fragestellung nach Erinnerungen an Kindheit und Jugend fehlen experimentelle Untersuchungen, da die Experimente ein Leben lang dauern müßten. Empirisch ist also nicht klärbar, an welchen Faktoren die Erinnerungsfähigkeit an Kindheit und Jugend hängt. Folgende Annahmen treffen jedoch mit großer Wahrscheinlichkeit zu:

- Die Merkfähigkeit ist in der Jugend beziehungsweise im jungen Erwachsenenalter am größten.
- Das Wissen geht im Laufe der Zeit zurück, wenn es nicht benutzt wird, und bleibt besser erhalten, wenn es häufiger aktiviert wird.
- Episodische Informationen können besser gespeichert werden als rein semantische, sie sind jedoch im Alter durch hirnorganische Veränderungen stärker beeinträchtigt.

Obwohl es der subjektiven Erfahrung nicht verborgen bleibt und in allen Versuchsanordnungen deutlich wird, daß Erinnerungs- und Behaltensleistung mit zunehmendem Alter abnehmen (Kunz 1990), gibt es keine überzeugende Hypothese, worauf diese Veränderung zurückzuführen ist. Sicher ist jedoch, daß das zu lernende Material für den Lernprozeß im Alter weniger gut organisiert wird und die Tempoleistung (Fleischmann 1989) zurückgeht.

Erinnerungen und Biographie

Das Schreiben von Autobiographien hat einen narzißtischen Aspekt: Das eigene Leben, die subjektive Betrachtungsweise, verschränkt mit dem Weltenlauf, werden anderen Menschen als bedeutungsvoll mitgeteilt. Gerade bei Autoren aus dem öffentlichen Leben haben Autobiographien die Aufgabe, die Handlungsweisen des Autors nachträglich zu begründen. Fehler oder kränkende Vorgänge werden in der Regel verschwiegen oder mit den Umständen begründet.

Genauso wie sich Autobiographen einem breiteren Publikum darstellen, versuchen Menschen, die ihre Lebensgeschichte erzählen, sich positiv herauszustellen und ihr Handeln als sinnhaft zu vertreten. Offene Lebensfragen, irrationales Handeln und Mißerfolge werden eher verschwiegen, soweit sie nicht als Kontraste in der Erzählung gebraucht oder anderen angelastet werden können. Bei Suchtkranken wirkt die Lebensgeschichte wie genormt: Sie selbst sind immer die Opfer der Umwelt.

Spontan erzählte Geschichten aus dem Leben haben, wie auch erzählte Krankengeschichten, einen Beziehungsanteil. Ein alter kranker Mann möchte, wenn er seine jugendlichen Taten rühmt, beispielsweise herausstellen, daß ihn das jetzige Scheitern, die jetzige Schwäche nicht immer gekennzeichnet hat. Oft haben biographische Schilderungen auch Aufforderungscharakter. Es wird von selbstlosen Ärzten erzählt, die alles für ihre Patienten getan haben, so als ob es um eine Aufforderung ginge, den derzeitigen Arzt zu motivieren. Eine ähnliche Bedeutung können Erinnerungen an Kunstfehler haben. Immer hat die Erinnerung auch eine aktuelle Bedeutung in der Beziehung, und es ist anzunehmen, daß sie auch zugunsten dieser Bedeutungshaftigkeit umgeformt wird.

Anamnesen und Krankengeschichten sind, wenn es um Zusammenhänge zwischen biographischen Ereignissen und Krankheit geht, in der Regel karg. In langen psychotherapeutischen oder psychoanalytischen Behandlungen leuchten in der Regel nur einzelne Szenen der Kindheit phasenweise auf, während der Erlebniskontext dieser Zeit meist im Dämmerlicht bleibt. Auffallend ist, wie soziologisch orientierte Interviewer in vergleichsweise kurzer Zeit oft recht ausführliche Biographien erzählt bekommen (z.B. SZEPANSKY 1986, KLOSTERMANN 1984, WEYRATHER 1985). Vergleichbar sind höchstens Erfahrungen in psychoanalytischen oder psychotherapeutischen Erstinterviews, in denen es darum geht, die jetzige Symptomatik im gesamten Umfang der Biographie zu verstehen. In diesen Erstgesprächen ist es wichtig, Informationen zu sammeln, die im Rahmen eines komplizierten kassenärztlich geregelten Antragsverfahrens für einen Dritten, den Gutachter, bestimmt sind. Demgegenüber bleiben die biographischen Details in den folgenden Therapiesitzungen eher aus, und der Therapeut ist schon zufrieden, wenn die Konfliktsituationen der Kindheit und Jugend in einzelnen bildhaften Erinnerungen erlebbar werden.

Die Intention der Patienten, wenn sie über ihr Leben berichten, besteht ja nicht darin, den Therapeuten zu unterhalten. Vielmehr möchten sie mit ihren Assoziationen und Erinnerungen herausstellen, was aus ihrer Sicht für die Erklärung ihres Leidens herangezogen werden kann. Häufig handelt es sich dabei um Geschichten, in der die Opferrolle betont wird. Positive Seiten des Lebens werden dann höchstens als Kontrast geschildert. Die Gespräche in der Therapie, gerade bei älteren Patienten, betreffen meist die Gegenwart, die heutigen Sorgen, Schwierigkeiten und Konflikte, und wenden sich, wenn Widerstand oder Übertragung gedeutet werden, der Beziehung zum Therapeuten im Hier und Jetzt zu.

Für das Verständnis, wie Patienten mit Erinnerungen an das frühere Leben umgehen, ist es notwendig, auf den Vorgang der Übertragung einzugehen. Übertragung meint, daß Patienten ihre unbewußten Impulse in der Therapie reproduzieren und agieren, statt sie zu erinnern (RACKER 1993, S. 83), das heißt, daß sie mit jetzigen (therapeutischen) Beziehungen so umgehen, als ob es solche zu früheren Beziehungspersonen seien.

Nimmt man diesen Sachverhalt der Als-Ob-Beziehung ernst, so gibt es für den Patienten in der Übertragungssituation keinen Anlaß, an frühere Situationen zu erinnern, da er den Therapeuten so erlebt, als ob dieser schon alles wisse. Außerdem wiederholen sich Impulse, wie in der Kindheit aus Angst vor Strafe, in der Therapie Schuldhaftes und Beschämendes zu verschweigen. Die die therapeutische Beziehung gestaltenden Handlungen können dann als Fähigkeitserinnern (Brewer u. Pani 1983) verstanden werden; so wie Patienten in der Kindheit etwa gelernt haben, mit ihrem Vater umzugehen, gestalten sie jetzt die Beziehung zum Therapeuten. Erst wenn es durch Konfrontation oder Deutung gelingt, das Nichtzeitgemäße des erfahrungsgeleiteten Übertragungshandelns anzusprechen, kommen in der Regel einzelne szenische, das heißt episodische Erinnerungen zum Vorschein. Diese Szenen sind meist, pars pro toto, für das weitere Verständnis der therapeutischen Beziehung wichtig.

Szenen und Taten der Kindheit und Jugend werden wahrscheinlich um so leichter erinnert, je weniger sie an Konflikte fixiert sind beziehungsweise je mehr sie zur Bewältigung von neurotischen Konflikten dienten. So zeichnet beispielsweise einen Patienten aus, der eine besonders nahe konflikthafte Beziehung zu seiner Mutter in der Kindheit hatte, daß er sich nur an Szenen erinnert, in denen er sich von seiner Mutter unabhängig gemacht hat. Solche bewußten Szenen, in denen die handelnde Bewältigung von Konflikten zum Ausdruck kommt, werden im Laufe des Lebens häufig erinnert, erzählt, „zum besten gegeben". Sie werden im Sinne der kognitiven Psychologie also häufig aktiviert, gestaltet und umgestaltet, so daß sie auch im Alter als Erinnerungen der Kindheit gut zugänglich bleiben, während der Zugang zu Erinnerungsmaterial, das aufgrund der Konfliktgebundenheit nicht aktiviert wurde, sich mit großer Wahrscheinlichkeit im Laufe der Zeit verschlechtert. Vielleicht läßt sich dies am besten an einem Beispiel veranschaulichen:

Ein 65jähriger Patient, der seit circa zwei Jahren, nachdem er mit 62 Jahren frühberentet worden ist, zu mir in ambulante Psychotherapie kommt, erzählt, daß er furchtbar unter Depressionen leide. Es fehle ihm jede Energie. Er wolle nur noch schlafen und sei am Morgen wie zerschlagen. Sonst habe er eigentlich keine Probleme. Er habe eine wunderbare Frau; Sohn und Tochter würden studieren.

Im Erstinterview berichtet er, daß er als Deutschstämmiger in der jetzigen Tschechei aufgewachsen sei. Sein Vater sei Abgeordneter und Ingenieur in einem Bergwerk gewesen, ein bewundernswerter Mann. Er habe eine gute Mutter gehabt. Sein Leben in der Nachkriegszeit sei durch eine kriegsbedingte Tuberkulose bestimmt gewesen. Er sei bis 1956 immer wieder für jeweils viele Monate an einer floriden Tuberkulose krank gewesen, die sicher auf den Krieg zurückzuführen sei.

Es gelingt ihm schnell, mich für ihn und sein Schicksal zu interessieren, und ich bin bereit, ihn in ambulante Psychotherapie zu nehmen. Schon in der zweiten Stunde schockt er mich – er sei hauptsächlich gekommen, um ein Gutachten von mir zu erhalten, damit seine Depression als kriegsbedingtes Versorgungsleiden anerkannt werde. Er habe wissen wollen, ob ich verständnisvoll sei oder ob ich anderen Gutachtern gliche, mit denen er schon schlechte Erfahrungen gemacht habe. Ich schwanke zwischen der Entscheidung, als Hintergangener empört mein Therapieangebot zurückzuziehen oder die doppelte Herausforderung anzunehmen, nämlich die „gute" Gutachterposition abzulehnen und dafür ein guter Therapeut zu sein. Ganz anders als bei jüngeren Patienten hatte sich schon in der zweiten Stunde eine heftige Übertragungskonstellation ergeben. Ich entschied mich für die Therapie.

Der Patient berichtet in den Folgestunden häufig von seiner Tuberkuloseerkrankung und davon, wie er von Berufskollegen gemieden und benachteiligt wurde. Mich beinahe wahnhaft anmutend, berichtet er, daß er wegen seiner früheren Erkrankung auch von Nachbarn, mit denen er befreundet gewesen war, gemieden werde. Ein weiteres bringt er häufig zur Sprache: Er ist unzufrieden mit seinen Kindern. Sein Sohn habe inzwischen in England eine Stelle angenommen, seine Tochter, die ein Einserexamen gemacht habe, habe nicht nach einem Beruf gesucht, sondern eine Lehre angefangen. Sein ganzer Ehrgeiz ist dadurch gekränkt.

Alle Themen können auch als Anklagen verstanden werden: Denen man traut, die ziehen sich zurück, weil sie Angst haben, angesteckt zu werden; die medizinisch-therapeutischen Hilfeleistungen sind so schlecht, daß man chronisch krank bleibt, und die Jugend oder auch die jungen Ärzte sind so eigenwillig, daß sie die ihnen übertragenen Aufgaben (das Gutachten) nicht übernehmen. Weiterhin berichtet er häufig, wie er als Behindertenvertrauensmann für seine behinderten Kollegen eingetreten sei und für ihr Wohl gestritten habe, wobei ihn der Landesvertrauensmann als „guter Vater" immer unterstützt hätte. Dies erlebe ich wie eine Aufforderung, endlich für ihn als Gutachter zu kämpfen.

Es wird immer deutlicher, daß sein Leben zwar auch durch die Tuberkulose gezeichnet war, daß er aber bis zu seiner Berentung immer Gelegenheit hatte, für andere (und auch für sich) um Rechte zu kämpfen, eine Möglichkeit, die mit der Berentung weggefallen war. Jetzt ging es ihm also auch darum, durch einen Gutachter neue Munition zu bekommen.

Die Kindheit blieb trotz meines Interesses seltsam unwirklich. Die Mutter sei gut und lieb, der Vater sei ein bedeutender Mann gewesen. Man habe sich damals als Deutscher besonders korrekt verhalten müssen.

Der Patient erzählt in einer der nächsten Stunden, nachdem er sich wieder ausführlich über seine Kinder und über die jüngeren Leute beschwerte, über einen Fehler, den er selbst gemacht habe. Er sei bei Rot über einen Fußgängerüberweg gegangen und danach von einem Polizisten angesprochen worden, was für einen Beruf er hätte. Als er sagen mußte, daß er im Rechtsbereich tätig sei, sei er sehr beschämt gewesen. Er habe nie mehr bei Rot eine Straße überquert.

Im Zusammenhang mit dieser Erinnerung, aber auch mit seinem Bericht über eine kürzlich stattgefundene Klassenzusammenkunft wird deutlich, daß noch andere, nämlich aufrührerische Seiten in ihm vorhanden sind, die jedoch zwanghaft abgewehrt werden. Nach wie vor sind seine spärlichen Berichte über die Kindheit so, als ob alles in Ordnung gewesen wäre, daß er eine gute Mutter und einen großartigen Vater gehabt habe. Auffallend ist nur, daß es mir nicht gelang, eine zeitliche Ordnung in seine Biographie um die Zeit des Todes seines Vaters zu bekommen.

Ganz beiläufig berichtet er, daß er die Unterprima als Internatsschüler in der Hauptstadt verbracht habe, dann aber nach dem Tod seines Vaters wieder in seine Heimatstadt zurückgekehrt sei, um dort seinen Schulabschluß zu machen. Erst auf mein Nachfragen wird deutlich, daß der Schulwechsel in die Hauptstadt, also weg vom Elternhaus, vom Rektor der deutschen Schule und vom Vater erzwungen worden war, weil er zuvor beobachtet wurde, wie er ein Mädchen geküßt hatte.

Während der Patient dies recht sachlich berichtet und meint, daß sein Vater die Einstellung hatte, die Deutschen hätten sich besonders vorbildhaft zu benehmen, spüre ich eine beinahe mörderische Wut auf den Vater und auf den Rektor. Jetzt wird mir deutlich, daß er aggressive und destruktive Impulse zwanghaft abwehrt, insbesondere wenn es um die Auseinandersetzungen mit dem Vater geht. Er versteht sich als Opfer des Krieges, ist jedoch im Sinne der Identifikation mit dem Aggressor mit dem strengen Vater identifiziert und entwertet in dieser Identifikation seine Kinder.

Mit dieser einzigen Erinnerung aus dem 17. Lebensjahr, die sicher auch als Deckerinnerung für die eigenartig leere Kindheits- und Jugendgeschichte in Beziehung zu Mutter und Vater angesehen werden kann, können Konflikte besser durchgearbeitet werden. Der Patient kann jetzt von seiner Riesenwut auf Begutachtungseinrichtungen und so weiter sprechen und geht andererseits, soweit ich seinen Erzählungen entnehmen kann, verständnisvoller mit seiner Tochter um. Die depressive Symptomatik löst sich auf, und der Patient unternimmt gemeinsam mit seiner Frau erstmals in seinem Leben Fernreisen. Für ihn ist erstaunlich, daß die depressive Symptomatik, unter der er so lange gelitten hatte, zurückgegangen ist.

Erinnerungen von Patienten mit schweren Altersdepressionen

Im Gegensatz zu depressiven Patienten in jüngeren Lebensaltern sind klinisch zu behandelnde altersdepressive Patienten häufig ganz mit ihren körperlichen Beschwerden beschäftigt. Ihre Klagen sind Anklage und Wehklage zugleich: Anklage, daß doch niemand helfen könne, Wehklage, daß alles so schlimm sei (vgl. Kipp u. Jüngling 1994). Häufiger als in jüngeren Lebensaltern tritt mit der Depression zusammen das Gefühl auf, nichts mehr zu wissen, sich an nichts mehr erinnern zu können (Pseudodemenz). Hilflose, regressive Verhaltensweisen werden zudem offensichtlich.

Altersdepressionen treten häufig nach Verlusten von

wichtigen Beziehungspersonen auf, und zwar meist nicht sofort, sondern erst drei bis sechs Monate später. FREUD (1916) hat aufgezeigt, daß der Depressive (Melancholiker), um den Verlust des Liebesobjektes zu verleugnen, sich mit diesem identifiziere und es dann im eigenen Ich anklage, was als Schuldgefühl oder Selbstanklagen zum Ausdruck komme. Beim Altersdepressiven (KIPP u. JÜNGLING 1994) nehmen wir an, daß sich Patienten das verlorene Objekt im Sinne eines psychischen Abwehrvorganges einverleiben (inkorporieren) und daß die körperlichen Beschwerden, ähnlich den Schuldgefühlen bei jüngeren Depressiven, als Anklage des untreuen, verlorenen Liebesobjektes verstanden werden können. Depressive Menschen im Alter sind ganz auf das Hier und Jetzt eingeengt, eine emotionale Erinnerung an das frühere Leben würde die Verleugnung des Verlusts gefährden, das Objekt müßte als getrennt wahrgenommen werden. Die Erinnerungsfähigkeit in bezug auf das eigene Leben ist bei diesen Kranken oft auf ein Minimum eingeschränkt. Nur mit Mühe kann ein biographisches Raster erfragt werden. Manchmal gibt es in den Selbstschilderungen bis zu 30jährige Phasen, aus denen keine emotional lebendige Szene erinnert werden kann. Diese skeletthafte Lebensgeschichte (KIPP 1993) bei Altersdepressiven wird nach der Besserung der Depression etwas umfangreicher und die Erinnerungen etwas lebendiger.

Diese Entemotionalisierung der eigenen Geschichte dient also der Stabilisierung. Erinnerungen würden bewußt machen, daß ein Objekt vorhanden war, das jetzt fehlt. Der Schmerz ist durch die Verleugnung des Verlustes abgewehrt worden. Therapeutische Erfolge sind zu erreichen, wenn es gelingt, mit diesen Patienten in Beziehung zu kommen. Erst dann kann die Verleugnung zumindest partiell aufgehoben werden. Erinnerungen an das Leben stellen sich ein, und Trauer wird möglich, in der der Depressive durch den Therapeuten begleitet werden sollte.

Frau R., 85 Jahre alt, ist seit 16 Jahren verwitwet und hat zwei Jahre danach durch einen ärztlichen Kunstfehler ihre damals 40jährige Tochter verloren. Ihre Kindheitserinnerungen sind ganz auf den großartigen Vater, das Hotel, das er besessen hat, die Kutsche mit dem Schimmel und den kranken Bruder als Sorgenkind beschränkt. Der Erste Weltkrieg und die Inflation fallen zusammen; letztere war so einschneidend, weil der Vater das Vermögen verlor. Sie konnte nach der Schule noch auf das Musikkonservatorium gehen, mußte jedoch dann einen Beruf als Verwaltungsangestellte ausüben und erinnert sich, daß sie als eine von über 50 Mitbewerberinnen ausgewählt wurde. Erst das Jahr 1939 ist wieder emotional besetzt: Nicht der Kriegsbeginn, sondern die Geburt der Tochter und der Tod des Vaters sind wichtig. Die einzige emotionale Erinnerung an ihre Mutter fällt in das Jahr 1943, in der sie die damals schon blinde Mutter aus einem zerbombten und brennenden Haus gerettet hatte. Die Ehe mit dem Mann ist kaum eine Erinnerung wert, dagegen kommen häufig Erzählungen, daß sie in guten Fachgeschäften in Kassel eingekauft habe, und zwar feine und beständige Sachen. Jetzt hat sie Angst, daß ihr diese geklaut werden.

Erst als es ihr schon besser geht, wird diese Angst, bestohlen zu werden, ein wenig verständlicher. Als junge Frau hatte sie sich in einen Studenten verliebt, der in München studierte. Der Vater hatte die Briefe von diesem jungen Mann abgefangen und ihr erst wieder gegeben, als die Beziehung dadurch schon völlig auseinandergegangen war. Über diese eine Erinnerung, das 20. Lebensjahr betreffend, ist es möglich, mit der Patientin in eine emotionalere Beziehung zu kommen, mit ihr über Verluste, die immer das Liebste betrafen, zu trauern und ihre Sorge zu verstehen, daß ihr die selbst ausgesuchten, haltbaren Dinge auch noch genommen würden.

Psychologische und psychoanalytische Aspekte zu Gedächtnis und Erinnerungen – Folgerungen für die Therapie alter Menschen

Frühe Erinnerungen, die aus dem autobiographischen Gedächtnis (Tulving 1979) abgerufen und erzählt werden, haben wahrscheinlich im Alter weniger mit der abgewehrten, das heißt auch unbewußten Konfliktsituation zu tun als bei jüngeren Menschen. Es kann nämlich davon ausgegangen werden, daß Abwehr auch in einer Versperrung der assoziativen Pfade von Erinnerungen zum Ausdruck kommt. Das Gesetz, daß Erinnerungen im Langzeitgedächtnis allmählich schwinden, wenn sie nicht immer wieder aktiviert werden, ist für die Erinnerungsfähigkeit alter Menschen von besonders großer Relevanz. In der Therapie von über 60jährigen Menschen wird es deshalb schwerer als bei jüngeren Patienten sein, an die ursprünglichen, frühkindlichen Konflikte heranzukommen.

Unerledigte frühkindliche Konflikte werden jedoch in den lebenslangen Beziehungen und Übertragungen wiederholt. Vom Aspekt der Gedächtnisforschung kommt wohl dabei dem Fähigkeitserinnern (Brewer u. Pani 1983), das heißt der Fähigkeit, Situationen und Beziehungen erfahrungs- und fähigkeitsgeleitet zu gestalten, in der Therapie eine wesentliche Bedeutung zu. Durch die Deutung der sich in der Therapie herstellenden Wiederholungserfahrung ist eine übertragungsnahe Konfliktklärung im Hier und Jetzt möglich. Damit werden oft einzelne Szenen aus der Kindheit und Jugend aktiviert.

„Wenn wir aber unser Gedächtnis befragen, welches die Eindrücke sind, unter deren Einwirkung bis an unser Lebensende zu stehen uns bestimmt ist, so liefert es entweder nichts oder eine relativ kleine Zahl vereinzelt stehender Erinnerungen von oft fragwürdigem oder rätselhaftem Wert. Daß das Leben vom Gedächtnis als zusammenhängender Kette von Begebenheiten reproduziert wird, kommt nicht vor dem 6. oder 7., bei vielen erst nach dem 10. Lebensjahr zustande“ (Freud 1899, S. 531).

Freud geht im weiteren darauf ein, daß ein Teil des Erinnerten als merkenswert ausgewählt werde, weil es einen mächtigen Affekt hervorgerufen habe, während ein anderer Teil eher als Deckerinnerung für nicht mehr erinnerbare Erfahrungen stehe.

Ähnlich der heutigen Gedächtnistheorien beschreibt Freud (1914) Vergessen und Erinnern:

„Das Vergessen von Eindrücken, Szenen, Erlebnissen reduziert sich zumeist auf eine ‚Absperrung‘ derselben. Wenn der Patient von diesem ‚Vergessenen‘ spricht, versäumt er selten hinzuzufügen: ‚Das habe ich eigentlich immer gewußt, nur nicht daran gedacht. ...' Besonders bei den mannigfachen Formen der Zwangsneurose schränkt sich das Vergessene meist auf die Auflösung von Zusammenhängen, Verkennung von Abfolgen, Isolierung von Erinnerungen ein" (Freud 1914, S. 127 ff.).

Psychoanalytische Rekonstruktion ist in diesem Sinne eine neue Bahnung von Assoziationspfaden im Langzeitgedächtnis.

Aus meiner Therapieerfahrung sowie nach den dargestellten Ergebnissen der Gedächtnisforschung kann gesagt werden, daß die Therapie über 60jähriger Menschen noch mehr in der Deutung von Beziehungen im Hier und Jetzt besteht als bei jüngeren Patienten.

Das Erzählen älterer Menschen von Kindheit und Jugend ist also kein allgemeines Phänomen, es verstärkt sich jedoch mit zunehmendem Alter und kommt bei denjenigen besonders zum Tragen, die ihr Leben lang Erzähler waren. Durch die altersgemäßen Objektverluste, die nicht durch neue Objektbeziehungen kompensiert werden können, kommt es zu einem Rückzug der Libido auf das eigene Selbst und zu einer Verstärkung des narzißtischen Anteils der Persönlichkeit im Sinne eines tertiären Narzißmus (Kipp 1992, Kipp u. Jüngling 1994). Damit wird die eigene Geschichte, die Autobiographie, bedeutungsvoller und in gewisser Weise zum Lehrstück für kommende Generationen. Es handelt sich dabei nicht um direkte Erinnerungen, sondern um Neuschöpfungen, da man die Welt nicht aus dem früheren Blickwinkel erinnert. Vielmehr sieht man sich selbst und andere in einem gemeinsamen Bild (Freud 1899).

Die Erinnerungsfähigkeit an das frühere Leben ist dann besonders vorhanden, wenn der Abruf von Gedächtnisinhalten häufig geübt wird. Darüber hinaus können Erinnerungsinhalte aus dem episodischen Gedächtnis dann besonders leicht abgerufen werden, wenn die Abrufsituation der Situation der Speicherung (Glowalla et al. 1989) zumindest stimmungsmäßig ähnlich ist. Demzufolge ergibt sich auch eine theoretische Begründung dafür, daß der Abruf von Erinnerungen bei Altersdepressiven so erschwert ist. Die Umgebungsfaktoren des Abrufs, insbesondere was die Stimmung betrifft, sind in der Altersdepression gegenüber früheren Lebenszeiten sehr verändert. Aber auch psychoanalytische Überlegungen können für die Entstehung der Gedächtnisschwierigkeiten von Altersdepressiven herangezogen werden. Diese Schwierigkeiten sind manchmal so stark, daß man von einer Pseudodemenz spricht. Altersentsprechende Verluste haben häufig einen traumatischen Charakter, sowohl was den Bereich der Objektbeziehungen als auch was den Anteil der narzißtisch besetzten Möglichkeiten und Fähigkeiten angeht. Mit dem Vergessen, der Verleugnung des Verlustes, kann der Schmerz der Erinnerung abgewehrt werden – dies gilt nicht nur für die altersdepressiven Patienten. Die Bereitschaft sich auf Erinnerungen einzulassen, ist bei vielen Patienten nicht sehr groß, da diese so schmerzhaft sind. Die Motivation zu erinnern ist aber ausschlaggebend für die Erinnerungsfähigkeit.

Interessant wäre es, eine ähnliche Zusammenschau von Ergebnissen der empirischen Psychologie auf der einen und der Psychoanalyse auf der anderen Seite für demente Patienten zu erarbeiten. Jedoch sind die Veränderungen von Erinnerung und Gedächtnis bei dementen Patienten noch schwieriger mit den erarbeiteten Modellen der kognitiven Psychologie zu erfassen. Außerdem fehlen psychoanalytische Untersuchungen zu Bedeutung von Widerstand und Übertragung bei solchen Patienten. Es gibt jedoch erfahrungsgeleitete Arbeiten, die zeigen, daß die „Selbsterhaltungstherapie" (Romero u. Eder 1992) und andere Gruppenarbeiten, in denen die persönlichen Erinnerungen von dementen Patienten im Alter gefördert werden, eine positive Bedeutung für den Verlauf der Erkrankung haben. Andererseits steht wohl fest, daß durch geistige Übung die Erkrankung der Demenz nicht verhindert werden kann, vielmehr können die organisch bedingten Ausfälle bei den Menschen länger kompensiert werden, die ihr Leben lang geistig aktiv waren, so daß klinisch die Demenzerkrankung später diagnostiziert wird, das heißt daß sie durch die vorhandenen Ressourcen länger kompensiert bleibt.

Zusammenfassung

Erregende, furchteinflößende Szenen in der Kindheit sind im Alter besser erinnerlich als harmonische Zeiten. Alte Menschen beschäftigen sich zunehmend mit ihrer Kindheit, soweit sie nicht depressiv sind. Erinnerungen schwinden jedoch im Laufe der Zeit, wenn sie nicht aktiviert werden. Menschen, die gerne erzählen, haben deshalb im Alter auch ein besseres Gedächtnis an Szenen der Jugend.

Die Erzählungen haben häufig den Charakter der narzißtischen Bestätigung. Wenn im Alter Partner und Freunde verloren gehen, ist damit oft ein Rückzug der Libido auf sich selbst im Sinne eines tertiären Narzißmus verbunden. Zahlreiche Erzählungen haben aber auch einen Beziehungsaspekt: Beispielsweise kann die Erzählung von guten früheren Ärzten dazu dienen, die Kritik an dem jetzigen zu verpacken.

In Interviews kommen häufig Kindheitserinnerungen zum Vorschein. In langfristigen psychotherapeutischen Behandlungen treten neue Erinnerungen nur selten auf. Sie kommen vielmehr in der Handlungserfahrung zum Tragen. In dieser Übertragung wird der Therapeut so behandelt, als ob er beispielsweise Vater oder Mutter wäre. Warum sollte es bei dieser erlebten Beziehungskonstellation wichtig sein, frühere, zum Teil konflikthafte Konstellationen wieder aufzuwärmen? Das Durcharbeiten früherer Erinnerungen, die im Alter weniger zur Verfügung stehen, kann zur Besserung beziehungsweise zur Heilung beitragen. Meist jedoch muß man von der jetzigen konflikthaften Beziehungskonstellation ausgehen.

Literatur

Anderson, J.R. (1985): Cognitive psychology and its implications. Freemann & Company, New York (2. Aufl.).

Brewer, W.F.; Pani, J.R. (1983): The structure of human memory. In: Brewer, H.G. (Hg.), The psychology of learning and motivation. Advances in research and theorie. Vol. 17. Academic Press, New York.

CANETTI, E. (1979): Die gerettete Zunge. Fischer, Frankfurt a.M.

FLEISCHMANN, U.M. (1989): Gedächtnis und Alter. Huber, Bern/Stuttgart/Toronto.

FREUD, S. (1899): Über Deckerinnerungen. GW I, S. 531–554.

FREUD, S. (1914): Erinnern, Wiederholen und Durcharbeiten. GW X, S. 126–136.

FREUD, S. (1916): Trauer und Melancholie. GW X, S. 428–446.

FUCHS, T. (1995): Auf der Suche nach der verlorenen Zeit – die Erinnerung in der Demenz. Fortschr. Neurol. Psychiat. 63 (1): 38–43.

GLOWALLA et al. (1989): Kompaktkurs Einführung in die Gedächtnispsychologie im Wintersemester 1989/90. Privatdruck, Marburg.

KIPP, J. (1992): Imaginäre Lebenswelten – Bewältigungsstrategien bei akuten psychischen Erkrankungen im Alter. In: PETZOLD, C.; PETZOLD, H.G. (Hg.), Lebenswelten alter Menschen. Vincentz, Hannover.

KIPP, J. (1993): Die skeletthafte Lebensgeschichte bei Altersdepressiven. Referat, 5. Symposium Psychoanalyse und Altern am 4.12.1993 in Kassel.

KIPP, J.; JÜNGLING, G. (1994): Verstehender Umgang mit alten Menschen. Fischer, Frankfurt a.M.

KLOSTERMANN, H. (1984): Alter als Herausforderung. Fischer, Frankfurt a.M.

KUNZ, I.O. (1990): Demenz, Alter und Gedächtnis. Haag und Herchen, Frankfurt a.M.

LUBORSKY, L. (1988): Einführung in die analytische Psychotherapie. Springer, Berlin/Heidelberg/New York.

RACKER, H. (1993): Übertragung und Gegenübertragung. Reinhardt, München/Basel.

ROMERO, B.; EDER, G. (1992): Selbst-Erhaltungs-Therapie (SET); Konzept einer neuropsychologischen Therapie bei Alzheimer-Kranken. Z. Gerontopsychol. Gerontopsychiat. 5: 267–282.

SZEPANSKY, G. (1986): „Blitzmädel“, „Heldenmutter“, „Kriegerwitwe“. Fischer, Frankfurt a.M. (relativ genaue Schilderung der Kriegszeit der 13- bis 40jährigen).

TULVING, E. (1979): Relation between encoding specifity and levels of processing. In: CERMAK, L.S.; CRAIK, F.J.M. (Hg.), Levels of processing in human memory. Hillsdale, New Jersey.

WEYRATHER, J. (1985): Ich bin noch aus dem vorigen Jahrhundert! Fischer, Frankfurt a.M.

Meinolf Peters

Psychotherapeutische Behandlung Älterer: Welchen Problemen begegnet eine Psychosomatische Klinik?

Summary: Psychotherapy of the Elderly: Which Problems arise for a Psychosomatic Clinic?

The increasing number of elderly patients in psychosomatic institutions is combined with a wide range of different problems. This is presented by a supervision sequence and will be discussed under the following aspects: Problems of the patients, to engage in the psychotherapeutic course; fears of the therapists, difficulties of the therapeutic relationship; conflicts between younger and older patients and least problems within the institution. This reveals the necessity of continous supervision and management consulting.

Einleitung

Die psychotherapeutische Behandlung Älterer wurde in der Vergangenheit mit Vorbehalten betrachtet; entsprechend gering waren die tatsächlichen Behandlungszahlen. Eine allmähliche Änderung scheint sich am deutlichsten in den Psychosomatischen Rehabilitationskliniken abzuzeichnen (Radebold 1992; Lange, Peters u. Radebold 1994). Ausschlaggebend dafür dürfte das Aufnahmeverfahren in diesen Kliniken sein. Weder liegt es hier im Ermessen des einzelnen Therapeuten, darüber zu entscheiden, ob er einen Patienten in Behandlung nimmt, noch ist die Aufnahme in die Klinik allein auf die bedachte Entscheidung und Motivation des Patienten zurückzuführen. Die im Hinblick auf eine psychotherapeutische Behandlung bei Patienten und Therapeuten bestehenden Vorbehalte und Ängste haben anders als in der ambulanten Behandlung weniger Einfluß auf die Übernahme eines Behandlungsauftrages. Die demographische Entwicklung kann sich hier gewissermaßen ungefiltert niederschlagen, in den Kliniken entsteht dadurch „unbeabsichtigt“ eine neue Realität, damit aber auch ein potentielles Konfliktfeld zwischen dieser neuen Realität einerseits und den vorrangig auf emotionalen Problemen beruhenden Vorbehalten gegenüber der Behandlung Älterer andererseits.

Zum Hintergrund

In der Rothaarklinik für Psychosomatische Medizin gilt seit 1991 älteren Patienten besondere Aufmerksamkeit. Das praktizierte Konzept wurde bereits anderweitig ausführlicher beschrieben (Peters 1995; Peters u. Kaufmann 1995) und soll hier nur kurz umrissen werden; es orientiert sich an den integrativen Konzepten zur stationären Psychotherapie (z.B. Becker u. Senf 1987). Die Belange der Älteren fanden durch eine Settingänderung Berücksichtigung. Die älteren Patienten werden auf zwei Stationen zusammengelegt, auf denen etwa zur Hälfte jüngere, das heißt unter 55jährige, und zur Hälfte ältere, das heißt über 55jährige Patienten behandelt werden. In verschiedenen Veranstaltungen wie etwa Stationsgruppen, Sporttherapie und Progressiver Muskelentspannung kommen beide Altersgruppen zusammen; auch im Stationsleben besteht Kontakt zwischen den Generationen. In der Gruppentherapie und der Kreativtherapie sind beide Gruppen jedoch getrennt, so daß hier altersspezifische Themen zum Tragen kommen können. Allgemein gesagt sollen die Patienten in der Auseinandersetzung mit der Lebenswelt der Station dazu angeregt werden, auto- und alloplastische Fähigkeiten zu verbessern sowie ihre Realitätswahrnehmung zu erweitern. Dadurch kann gerade der älter werdende Patient zu besserer Realitätsanpassung gelangen, seine Ich-Identität einschließlich seiner Selbst- und Objektrepräsentanzen festigen und eine insgesamt bessere Anpassung an die neue Lebensphase erreichen (PETERS 1995).

Mit Einführung dieses Konzeptes wurde eine externe Supersivion eingerichtet, die dazu dienen soll, die besonderen Probleme, die in der Behandlung Älterer auftreten, zu bearbeiten. An dieser Supervision[1] nehmen bis heute alle Mitarbeiter der zwei Stationen teil, auf denen die älteren Patienten behandelt werden. Sie versteht sich nicht nur als fallbezogene Supervision, sondern im weiteren Sinne auch als Institutionsberatung. Die etwa einmal monatlich stattfindenden Sitzungen umfassen die Besprechungen von Behandlungsfällen, die Diskussion allgemeiner konzeptueller Fragen und die Erörterung von Forschungsproblemen. Diese sehr dichten Tage, die vier Arbeitssitzungen umfassen, entwickelten bald eine Katalysatorfunktion für die Behandlung der Älteren, das heißt, hier bildeten sich die Probleme und Konflikte, die mit dem neuen Schwerpunkt verbunden sind, in intensiver Weise ab. Insofern vermittelt diese Supervision auch einen guten Einblick darüber, was es für eine Klinik bedeutet, einen Schwerpunkt zur Behandlung Älterer zu implementieren.

Aus einer Supervision

Die Sitzung fand in der ersten Phase dieser Schwerpunktbildung statt, die Bildungs altershomogener Gruppen war erst zum Teil erfolgt. Im Mittelpunkt steht eine ältere, 76jährige Patientin,

1 Prof. Dr. H. RADEBOLD, Universität Kassel.

die wegen schwerer Depressionen, die nach dem Tod des Ehemannes im Jahr zuvor aufgetreten waren, behandelt wurde.

Ärztin: Bei uns auf der Station war es so, daß zwei ältere Patientinnen zu einer Gruppenstunde nicht gekommen sind und ich bei der letzten Zimmervisite so das Gefühl hatte, wir müssen die älteren Patienten und die jüngeren Patienten trennen. Weil die älteren Patienten sagen, es nimmt sie zu arg mit, sie werden kränker, und ich glaube es war so; (zu einem Kollegen:) bei Dir war es ähnlich, daß du es für sinnvoll hieltest, den älteren Patienten eine eigene Gruppe anzubieten.

Therapeut: Nein, ich war mehr so unentschieden, ich hatte es nicht so verstanden, daß wir homogene Gruppen machen, nur mit Alten. Es geht ja um das Problem, daß die Patienten agierend wegbleiben und die eine Patientin, nachdem sie aus der Gruppe weg war, von verschiedenen Beschwerden sprach, Herzinsuffizienz, Dekompensation und so.

Kreativtherapeutin: Aber ich habe es auch so verstanden.

Einige reden durcheinander, und es besteht Uneinigkeit darüber, inwieweit eine Separierung Älterer und Jüngerer in verschiedenen Gruppen bereits abgesprochen war.

Arzt: Also für mich ist das sehr eng mit dieser einen Patientin, die, die H. schon angesprochen hat, verbunden, die so krank wurde, und ich hatte die jetzt behandelt gehabt, die, die sah eigentlich aus im Bett liegend, als würde sie sterben wollen, und irgendwie so vom Tod überschattet.

Supervisor: Wollen, wollen?

Arzt: Ja, als würde sie es auch tun. Beides. Als ob der Tod schon in ihr drin sei, und dann will sie das auch und wartet darauf. Es sah so aus, wie auf gewissen Gemälden, also, um die Jahrhundertwende, da war es ja sehr häufig so, daß ein junges Mädchen gemalt war, so vom Tod und dann gegenüber das Leben. Von Macke gibt es da so ein bekanntes Bild. Und dann war der Blutdruck angestiegen, und das hat ihr Herz nicht verkraftet, sie hatte dann eine Lungenstauung. Und die war auch schon in den letzten acht Jahren, glaube ich, zweimal mit solcher Symptomatik in der Klinik. Mit äußerst widersprüchlichen internistischen Befunden. Das ist dann mit Diuretikagabe weggegangen. Aber da war Todesangst so zu spüren. Und es war eine 78jährige Patientin, die bei mir auch in der Gruppe war. Ich hatte hier schon kurz erzählt, das war die, die sich in der Untersuchung die Schuhe hat ausziehen lassen, so, jetzt müssen sie mal ran, hat sie gesagt, weil sie so aufgeregt war. Und ich hatte ziemlich viel gespürt, was für Schmerzen die hatte. Die war mit so verweinten Augen gekommen, so ganz chronisch verweint, vertrocknete Augen. Und die war zwei-, dreimal in der Gruppe gewesen und ist dann weggeblieben.

Es stellt sich heraus, daß die Patientin auch der Kreativtherapie ferngeblieben war.

Therapeut: Ja, sie hält das auch nicht aus, wenn die Frauen ständig über so schlimme Ehen sprechen, das hält sie einfach nicht aus. Sie hatte sehr unter Druck stehend so zwischen Tür und Angel einen Termin bei mir haben wollen, um mir das zu sagen. Ich habe ihr einen Termin für zwei Tage später gegeben, da hat sie dann wenig zu der Gruppe gesagt, sondern über die letzten Monate erzählt. Sie würde am liebsten sterben, das wäre für sie die Lösung, um ihrem Mann wieder nahe zu sein, der vor einem Jahr verstorben ist. Sie hört dann andauernd von anderen, was es für schlimme Männer gibt, und sie hat eine tolle Ehe über mehr als 50 Jahre gehabt. Und das würde sie nicht mehr aushalten. Dann hat sie ein Symptom geschildert: Der Kopf wird ganz leer, sie hat das Gefühl, es läuft aus ihrem Kopf etwas heraus, nachdem eine Übelkeit sich so breit macht in ihr. Und sie hat dann die Befürchtung, die Kraft und alles läuft dann unten heraus, und sie spürt nur noch ihr Herz dann. Das seien ganz andere Beschwerden, als sie bisher kannte. Im Moment habe ich die Bedrohlichkeit gar nicht so gespürt. Ich habe es dann weitergegeben auf Station. Aber am nächsten Tag ist mir aufgefallen, daß ich bei einer jüngeren Patientin, die nach Hause gegangen war, dachte, die könnte sich was antun. Das wiederholte sich beim nächsten Gesprächstermin mit der Patientin. Dann fiel mir auf, das geschieht immer, wenn ich mit der Frau N. rede. Das wurde mir plötzlich als Zusammenhang klar. Und das ist eine sehr dünne Patientin, die auch abgenommen hatte, wo unklar ist, ob es durch Lasix jetzt weniger geworden ist. Das ist eine Billroth-II-operierte Patientin, hatte einen Ikterus gehabt, Verdacht auf Entzündung auch. Also sehr bewegte somatische Vorgeschichte. Ich sehe sie jetzt einzeln, sie ist nicht mehr in der Gruppe. Sie wollte dann gar nicht mehr so lange mit mir reden, ich hatte das Gefühl, sie wollte mich beruhigen, daß ich mir keine Gedanken mache, jetzt so über Weihnachten, das alles geregelt sei. Sie wollte eigentlich von ihrem Neffen besucht werden und darauf warten, daß sie ins Altenheim kann. Sie hat dort eine Wohnung gekauft, muß aber warten, bis dort jemand stirbt. Das ist die Perspektive. Die jüngere Patientin, die nach Hause gegangen war, war eine 50jährige, sehr jugendlich aussehende, attraktive Patientin gewesen, die die Gruppe nach meinem Empfinden fast hypnotisch gequält hat mit ihrer ehelichen Beziehung. Das war eine angespannte Situation, weil sie von den Älteren Druck bekam, Vorwürfe: Du mußt aber beim Mann bleiben. Du mußt dankbar sein. Du mußt die Rosen annehmen, die er dir jetzt schenkt. Diese Patientin sagte mir im Abschlußgespräch, sie hätten sich unter den Jüngeren unterhalten, daß sie in der Gruppe immer wieder über ihre Beziehungen sprechen müßten, um es auszuhalten, daß sie ständig den älteren Frauen gegenüber wütende Gefühle haben. Im Moment sind die Jüngeren fast alle weg, die Älteren sind fast allein in der Gruppe, wir haben jetzt auch kaum ein Interesse, Jüngere dazuzunehmen.

Supervisor: Die Älteren haben überlebt?

Leitender Arzt: Die Jüngeren haben die Älteren gequält, meinen Sie, dadurch, daß die so erzählt haben, wie freizügig sie leben. Und die Älteren ...

Therapeut: So eine Mischung aus Freizügigkeit und Gewalt irgendwo.

Leitender Arzt: ... daß die Älteren gesagt haben, sie könnten das mit der Sexualität nicht mehr hören. Das war doch neulich schon einmal ...

Therapeut: Frau O., die schrie in der Gruppe so richtig raus: Nimm Dir doch endlich einen Sexualtherapeuten!

Supervisor: Das war die Ältere, die das sagte?

Therapeut: Ja, ja.

Supervisor: Die wußte was davon.

Therapeut: Und die Jüngere, die hat dann im Abschlußgespräch noch erzählt: Ja, die würden immer sagen, die Sexualität hat keine Bedeutung, das ist im Alter nicht mehr wichtig. Die hat das auch geglaubt und denkt das auch. Und dann hätte sie mal erlebt, als sie ein Päckchen bekommen hat an der Rezeption, all die Alten, als hätten die wirklich absichtlich um sie herumgestanden und nur gesponnen, was in dem kleinen Päckchen wäre. Und dann hätte sie nur so Worte gehört wie Strapse, Büstenhalter, Unterwäsche, Reizwäsche. Die würden doch ständig nichts anderes im Kopf haben wie Sexualität.

Danach kehrt die Gruppe zu der eingangs dargestellten Angst zurück, die ältere Patientin könne sterben.

Supervisor: Die Jüngeren scheinen ja ganz voll zu sein mit Problemen, von den Älteren hören wir nur versteckt etwas, da gibt es vor allem die organische Seite. Wie hat denn die Station reagiert, daß die Patientin sterben könnte?

Arzt: Also von den Patienten habe ich nichts gehört. Mitbekommen habe ich, daß der Pfleger sehr beunruhigt war. Ich dachte, ich müsse sofort hingehen. Ich bin an dem Tag dreimal bei ihr gewesen. Jetzt vor dem Wochenende mache ich mir Gedanken, ob ich den Kollegen sage, die möchten bei der Patientin doch keine Reanimationsversuche unternehmen. Darüber denke ich nach. Ich habe gedacht, ich würde es nicht tun.

Die Gruppe befaßt sich jetzt mit technischen Fragen, erst sehr viel später im Verlauf der Stunde äußern einige ihr Entsetzen über die Äußerung des Arztes. Dieser sagt, er habe vorher auf der Inneren gearbeitet und wisse, wie quälend und schmerzhaft Reanimationsversuche seien, den Leuten würden meist die Rippen gebrochen, er habe eher den Impuls, sich zu der Patientin zu setzen, ihr die Hand zu halten und sie sterben zu lassen.

Sporttherapeut: Also ich habe davon nichts mitbekommen. In der letzten Zeit habe ich die Stimmung so erlebt, daß die Jüngeren die Alten weghaben wollen. Die Älteren haben meist viele körperliche Beschwerden gehabt, wenn sie davon gesprochen haben, von Hörproblemen oder so, haben die Jüngeren gleich erst mal die Augen verdreht und Kommentare abgegeben. Ich finde das schwierig, fühle so einen Druck von beiden Seiten. Die einen können wirklich nicht mehr, die anderen nur ein bißchen, und ich habe das schwer zusammengekriegt. Zum Beispiel jetzt bei der Frau R., die hat mich vorhin angesprochen, wegen Gymnastik und Bewegungsbad. Zu dem einen will sie nicht mehr kommen, wegen der jüngeren Patienten. Zum Bewegungsbad will sie, aber lieber einen Termin, wo nur Alte sind.

Leitender Arzt: Das ist ein gutes Beispiel, weil die ja gar nicht schwerkrank ist. Ich sehe die immer draußen zusammen, die rotten sich förmlich zusammen. Und die machen ganz schön mächtigen Eindruck, die bestimmen die Atmosphäre auch. Und im Bad dann wird deutlich, daß sie sich schämen. Frau R. etwa. Hier im

Hause spielt doch Flirten eine große Rolle, die Leute gehen aus, machen sich schön, die Frauen malen sich an. Und im Bad unten sind ja attraktive Frauen, und wenn Frau R. da reinkommt ...

Im weiteren wird noch einmal auf die organischen Beschwerden der Älteren eingegangen; der leitende Arzt bemerkt im Hinblick auf eine Patientin: „Und wenn sie was mit ihr besprechen, verweist sie auf ihre organischen Beschwerden." Es werden weitere Szenen geschildert, in denen die Macht der Älteren angesprochen wird. So die Szene, in der eine ältere Patientin im Fernsehraum einfach das Programm gewechselt hat, ohne dies mit den anderen abzusprechen, keiner habe sich getraut, dem entgegenzutreten. Es wird aber auch eine Szene geschildert, in der im Raucherzimmer eine jüngere Patientin Frau N. angefahren habe: „Halt den Mund, du alte Kuh", diese habe wiederum vom Therapeuten erwartet, daß er sich die Jüngere „mal ordentlich zur Brust nehme". Weiter wird geschildert, daß die Reinigungsfrauen sich beklagt hätten, daß im Gemeinschaftsraum immer Patienten, und zwar ältere, sitzen und sie es nicht schaffen würden, die Patienten da rauszubekommen. Nachdem vom Supervisor die Sprachlosigkeit und das Gefühl der Ohnmacht der Therapeuten aufgegriffen worden ist, ändert sich das Gespräch deutlich. Die heftige Gegenübertragung tritt jetzt in den Hintergrund, so daß ein differenzierterer Blick auch auf die Psychodynamik der älteren Patientin möglich wird. Dabei wird deren Idealisierung der Ehe als Abwehr verstanden und dadurch auch ihr agierendes Verhalten verständlicher. Die Patientin sei kinderlos geblieben, worunter sie gelitten habe, daraufhin habe ihr Mann gesagt: „Dann nehme mich als Kind." Es wird geschildert, daß ihr Mann verstarb, als sie aus dem Haus zum Einkaufen gegangen war, und sie aufgrund dessen an Schuldgefühlen leidet, so, als ob sie den Tod hätte verhindern können.

In der letzten Phase werden dann wieder allgemeinere Aspekte besprochen, jetzt aber sehr viel differenzierter. Es wird deutlicher, daß die Älteren keineswegs alle sehr krank sind, vielmehr werden sie jetzt auch von den Sporttherapeuten als überwiegend sehr fit beschrieben. Die KBT-Therapeutin schildert eine ältere Patientin, die Seilchen springt und mit der die Arbeit sehr viel Spaß mache. Bezüglich einer anderen Patientin bestand zunächst große Sorge, ob sie, ohne vorher ein EKG anzufertigen, schwimmen gehen könne. Nachdem jedoch die Angst überwunden war, wurde sie in die Schwimmgruppe aufgenommen, und es wird berichtet, wieviel Spaß die Arbeit mit ihr mache. Es wird auch noch einmal die Angst aufgegriffen, die ältere Patientin könne sterben, und mit der Realität konfrontiert. Es zeigt sich, daß in den vergangenen zehn Jahren zwar drei Patienten in der Klinik verstorben sind, aber nur jüngere Patienten.

Psycho- und soziodynamische Aspekte

Die affektiv aufgeladene Supersivionssitzung illustriert die psycho- und soziodynamischen Prozesse und Konflikte, die mit der Implementierung eines Schwerpunktes zur Behandlung Älterer in einer psychosomatischen Klinik verbunden sind. Dabei lassen sich vier wichtige, im folgenden näher zu betrachtende Gesichtspunkte abgrenzen.

1. Schwierigkeiten auf seiten der älteren Patienten

Patienten in Psychosomatischen Rehabilitationskliniken sind oft wenig psychotherapiemotiviert, und häufig besteht der Eindruck, als gelte dies in besonderem Maße für ältere Patienten. Nübling (1993) fand in seiner Studie über die initiale Motivation und Erwartungshaltung von Patienten in einer Psychosomatischen Klinik hierfür allerdings wenig empirische Belege. Weniger umstritten ist die Tatsache, daß eine Reihe der Älteren eine Vielzahl organischer Erkrankungen und Beschwerden im Sinne der bekannten Multimorbidität mit in die Behandlung bringt, wie hier an der geschilderten Patientin deutlich wird. Sie erschwert aufgrund der Verflechtung verschiedener Krankheitsbilder und der Wechselwirkungen von körperlichen und seelischen Problemen sowohl die Diagnostik als auch die Behandlung. Dadurch fließen mehr unbekannte Wirkfaktoren in die Behandlung ein, die die Transparenz verringern und die Kompetenz der Therapeuten und Ärzte immer wieder aufs Neue heraus- und oft genug auch überfordern. Hinzu kommt ein oft chronifizierter Krankheitsverlauf, der häufiger die Einflußmöglichkeiten von Psychotherapie begrenzt.

Die Bedeutung der organischen Erkrankungen beschränkt sich aber nicht auf den medizinischen Aspekt, denn jede organische Erkrankung wird sekundär in seelische Konflikte einbezogen. Schon FREUD hat darauf hingewiesen, daß organisch Kranke im allgemeinen narzißtisch werden, ihre übrigen Interessen und Objektbeziehungen aber verarmen (FREUD 1914). Dieser narzißtische Rückzug wird bei vielen Älteren durch Verluste, Enttäuschungen und Kränkungen verstärkt und erschwert einen psychotherapeutischen Zugang. Viele wirken wenig zugänglich und auch im therapeutischen Gespräch eher verschlossen; manche ziehen sich zurück, wenn sich eine Vertiefung des therapeutischen Prozesses abzeichnet. Der narzißtischen Regression liegt ein erschüttertes Vertrauen in die Tragfähigkeit und Verläßlichkeit von Beziehungen und die Erreichbarkeit der eigenen Ideale und Lebensziele zugrunde; sie schützt vor weiteren Kränkungen und einer befürchteten Bloßstellung und Beschämung. RAUCHFLEISCH (1990) hat in einem anderen Zusammenhang Kränkungsschutz als wesentliche Determinante der Nicht-Inanspruchnahme von Psychotherapie beschrieben, was auch für viele Ältere gelten dürfte.

Die Zurückhaltung vieler Älterer und das Verharren in einer passiven Erwartungshaltung dürfte darüber hinaus auch Ausdruck des Mißtrauens gegenüber den ja jüngeren Behandlern sein; dieses wird aber meist durch eine idealisierende Haltung verdeckt. Auch die Unkenntnis dessen, was Psychotherapie ist, sowie fehlende frühere Behandlungserfahrungen tragen zu einer eher abwartenden Haltung bei.

2. Die Ängste der Therapeuten

In der Supervisionsstunde sind die Therapeuten affektiv stark beteiligt und zeigen zum Teil heftige Reaktionen. Radebold (1989) hebt als ein wesentliches Kennzeichen der Arbeit mit Älteren hervor, daß sich Therapeuten häufiger bedroht, beunruhigt, beängstigt oder zumindest affektiv deutlich angesprochen fühlen. Diese starke affektive Beteiligung dürfte auch wesentlich dafür verantwortlich sein, daß die Arbeit mit diesen Patienten oft als besonders schwierig erlebt wird. Wiederholt wurde die Ansicht vertreten, die Probleme in der Behandlung Älterer seien weniger die Probleme der Patienten als vielmehr die der Behandler (Hinze 1987).

Levin (1977) bezog die Ängste der Therapeuten auf gefürchtete narzißtische Kränkungen verschiedenster Art. Der ältere Patient konfrontiert den (eher jüngeren) Therapeuten mit den eigenen Ängsten vor dem Alter, vor Abhängigkeit, Hinfälligkeit, Krankheit und sozialer Isolation in dieser Zeit; dadurch ist sein eigener Narzißmus bedroht und seine jugendzentrierten Ideale gefährdet. Des weiteren werden im Therapeuten ungelöste Konflikte mit Elternfiguren aktiviert, die er glaubte längst hinter sich gelassen zu haben und die er nun, verbunden mit einem Gefühl von Beschämung, wiedererlebt. Angesichts von Multimorbidität und Chronizität, die die Behandlungschancen verringern, fühlt sich der Therapeut in seiner psychotherapeutischen Potenz bedroht und in seinem beruflichen Narzißmus gefährdet. Schließlich wird die Behandlung Älterer häufig skeptisch oder mißtrauisch verfolgt, so daß ein Therapeut, der sich dennoch mit Älteren befaßt, fürchten muß, abwertend als Idealist betrachtet zu werden. Es kränkt aber auch, wenn der Therapeut sein Konzept nicht in der gewohnten Weise durchhalten kann, wenn die Älteren ihn veranlassen, vielleicht sogar unbewußt von seiner üblichen Haltung abzuweichen, möglicherweise ein Stück weit seine abstinente Haltung aufzugeben und sich stärker als sonst üblich auf eine reale Beziehung einzulassen oder ein beratendes oder pädagogisches Element in die Behandlung aufzunehmen. Daraus mag das Unbehagen erwachsen, dem eigenen professionellen Ich-Ideal untreu geworden zu sein sowie der „elterlichen" Macht und dem Druck der Älteren nachgegeben zu haben.

In der Behandlung Jüngerer kann sich der Therapeut der Phantasie überlassen, daß mit seiner psychotherapeutischen Hilfe sein „Kind schon seinen Weg gehen wird" ; diese hoffnungsvolle Erwartungshaltung mag dann über manche Enttäuschung in der Behandlung selbst hinweghelfen. Der Ältere aber ist keine Kind, das sich fast gesetzmäßig weiterentwickelt (Radebold 1988). Vielmehr muß der Therapeut in der Behandlung Älterer oft ein großes Maß an Hoffnungs- und Perspektivlosigkeit ertragen, darüber hinaus wird er öfter auch mit dem Thema Sterben/Tod konfrontiert. Die Angst aber, ein Patient könne während der Behandlung sterben, gefährdet aufs Höchste das narzißtische Gleichgewicht des Therapeuten und konfrontiert diesen mit den Grenzen seiner Möglichkeiten und seines Allmachtsgefühls als Helfer und Heiler (Levin 1977).

Die Angst vor Kränkungen verschiedenster Art verdeutlicht gleichzeitig, wie mächtig die Älteren erlebt werden. Im stationären Rahmen vermag sich durch eine Zusammenlegung der Älteren dieses Gefühl sogar zu verstärken, weil diese nun als Gruppe auftreten und dadurch stärker im allgemeinen Kliniks- und Stationsleben präsent sind. Die Macht der Älteren scheint um so wirksamer, als es keine reale, faktische Macht ist, sondern eine Macht, die sie aus ihrer Krankheit und ihrer Nähe zum Tod gewinnen; es ist aber auch eine Macht, die sich aus den wiederbelebten Elternimagines der Therapeuten speist.

3. Aspekte der therapeutischen Beziehung

Die Schilderung der Beziehung zwischen der älteren Patientin und der beteiligten Behandler im Text läßt intensive Übertragungs- und Gegenübertragungsreaktionen erkennen. Tatsächlich stellt die Übertragungsbeziehung in der Behandlung Älterer ein besonderes Problem dar, das inzwischen gut untersucht wurde (Radebold et al. 1973; Radebold 1988, 1989, 1992; Hinze 1987). Eine Besonderheit stellt dabei die umgekehrte Übertragungskonstellation dar. Die Patienten erleben die Therapeuten dann in der Position von „Kindern“ oder „Enkelkindern“, denen sie aufgrund vermuteter fehlender Kompetenz skeptisch, mißtrauisch oder sogar ablehnend gegenüberstehen oder umgekehrt mit erheblichen und intensiven Erwartungen und Bedürfnissen, insbesondere dann, wenn sie von den eigenen Kindern enttäuscht sind. Dann zeigen sich Wiedergutmachungswünsche, die in die Beziehung zum Therapeuten einfließen. Dieser gerät dadurch in die Position des idealen Sohnes oder der idealen Tochter und damit in eine unsichere, beunruhigende, beängstigende oder bedürfnisstimulierende Situation. Eine zusätzliche Schwierigkeit, die das „Annehmen“ einer solchen Übertragung erschwert, liegt darin, daß die „Eltern“ in der Sicht der Therapeuten assoziativ mit der Zeit des Naziregimes in Verbindung gebracht werden. Dabei wird allerdings übersehen, daß die jetzt in Behandlung kommenden Patienten in der Regel nicht mehr der Generation der Täter, sondern eher der der Kinder der Täter angehören.

Während die umgekehrte Übertragung am Beginn der Behandlung überwiegt, setzt sich im Laufe der Behandlung meist die klassische Übertragungskonstellation durch; häufig bestehen beide aber auch nebeneinander.

In der regelhaften klassischen Übertragungskonstellation sucht der Patient im Therapeuten Eltern-Imagines. Eine solche Beziehung ist den Therapeuten vertraut und der Umgang damit vielfach reflektiert. Normalerweise ist diese Übertragung durch gleiches oder höheres Alter, durch Lebenserfahrung und die berufliche Kompetenz des Therapeuten geschützt. Ist der Patient jedoch wesentlich älter, ist dies nicht in gleichem Maße der Fall, und Verunsicherungen können vor allem dann auftreten, wenn vom Therapeuten kompetente Aussagen zur Bewältigung alterstypischer Probleme erwartet werden. Das „Annehmen“ einer solchen Übertragung ist auch dadurch erschwert, daß den Therapeuten die Lebenserfahrungen und die Lebenswelt, die die Älteren in der prägenden Zeit von Kindheit und Jugend erlebt haben, fremd sind.

Beide Übertragungsformen sind schwierig zu handhaben, und vermutlich ist es bei Älteren oft weniger leicht möglich, eine therapeutisch neutrale Position aufrechtzuerhalten. Eine zusätzliche Schwierigkeit entsteht dadurch, daß in der stationären Behandlung, in der immer mehrere Therapeuten auftreten, oft unterschiedliche Selbst- oder Objektanteile aufgespalten und auf verschiedene Therapeuten oder auch Patienten übertragen werden. Die klinischen Erfahrungen bestätigen, daß „Geschwisterrivalität" in der Behandlung Älterer ein kaum zu unterschätzendes, aber schwierig zu handhabendes Thema darstellt.

4. Der Konflikt zwischen den Generationen

Vor Einführung des gemischten Behandlungssettings wurden die wenigen älteren Patienten auf Stationen mit überwiegend jüngeren Patienten behandelt. Durch die Zusammenlegung und die Bildung altershomogener Gruppen ergab sich eine dynamische Spannung zwischen den Generationen. Die intergenerativen Konflikte sind oft – wie in dem Supervisionsausschnitt – durch heftige Affekte wie Scham, Neid und Feindseligkeit geprägt. Untersuchungen zeigen, daß die Einstellungen der Jüngeren zu Älteren und umgekehrt dann eher negativ sind, wenn nach einem generalisierten Bild gefragt wird; wenn dagegen nach einem persönlichen Bild gefragt wird, das heißt danach, wie etwa die eigenen Eltern oder Kinder gesehen werden, ist die Einstellung deutlich positiver. So werden die eigenen Kinder von den Älteren in der Regel als unterstützend eingeschätzt, während allgemein von der Jugend nicht viel Positives erwartet wird (Kahana u. Levin 1971; Lehr 1991). Auch im stationären Alltag finden sich beide Bilder wieder, etwa dann, wenn das generalisierte negative Bild auf die jeweilige Gruppe der Mitpatienten der anderen Kohorte projiziert wird, das positive Bild hingegen auf einzelne Mitglieder der anderen Altersgruppe, häufig auf einen Therapeuten. Diese idealisierende Beziehung kann durch die Aufspaltung von störenden Einflüssen freigehalten werden.

Von seiten der Psychoanalyse können die intergenerativen Beziehungen im Alter auch als ein Wiederaufleben ödipaler Konflikte verstanden werden (NEMIROFF u. COLARUSSO 1985). Der umgekehrte Ödipuskomplex führt dazu, daß die Kinder in die Rolle der Eltern geraten, während die alternden Eltern die Rolle der Kinder übernehmen. Einerseits führen das Altern der Eltern, aber auch der Schutz der Gruppe zu einer Reduktion der Kastrationsangst, so daß sich destruktive Impulse aufgrund ungelöster Konflikte direkter und offener äußern können. Andererseits scheint gerade auch die Wahrnehmung der Älteren als Gruppe die Phantasie zu begründen, daß deren Macht ausreichen könnte, die vergangenen „elterlichen" Rechte erneut einzufordern und die Jüngeren in ihre Schranken zu weisen. Die Rahmensetzung des Konzeptes hebt diese intergenerativen Konflikte hervor, die oft genug auch die familiären Beziehungen der behandelten Patienten kennzeichnen.

Zur Identität der Institution

BARDÉ (1993) teilt die integrativen Konzepte zur stationären Psychotherapie in „Bühnen-" und „Rahmenmodelle" ein und hebt damit die Bedeutung des Rahmens für therapeutische Entwicklungsprozesse, insbesondere Prozesse der Ich-Strukturierung und Anpassung der Patienten hervor. Der Rahmen wird als Teil des Konzeptes bewußt gesetzt und auf seine Aufrechterhaltung wird geachtet; Rahmenverletzungen bedürfen deshalb immer der vorrangigen therapeutischen Bearbeitung. Dies geschieht nicht nur zum Wohle der Patienten, sondern auch, weil der Rahmen die Identität der Institution schützt – ein bisher weniger berücksichtigter Aspekt. Rahmenverletzungen sind also auch deshalb so bedeutsam, weil sie diese Identität bedrohen. In gleicher Weise dienen auch andere, in der Regel weniger reflektierte, soziale Phänomene wie Regeln, Rituale oder Mythen dem Schutz der Identität der Institution. Diese zeichnen sich nach PÜHL (1995) durch großes Beharrungsvermögen aus, so daß notwendige institutionelle Veränderungsprozesse erschwert werden. Innovationsprozesse sind jedoch erforderlich, wenn die Institution aufgrund äußerer Entwicklungen vor neue Aufgaben gestellt wird, soziale Konflikte können dann nicht ausbleiben.

Die Identität einer Psychosomatischen Rehabilitationsklinik als psychotherapeutischer Institution wird aber immer wieder in Frage gestellt, etwa dann, wenn deren Effektivität angezweifelt oder von psychiatrischer Seite die Notwendigkeit psychosomatischer Kliniken generell hinterfragt wird. Diese Kritik kommt aber nicht nur von außen, sondern auch von innen, etwa durch unvorbereitete und wenig motivierte Patienten, bei denen eher traditionelle Kurerwartungen, das heißt die Erwartung nach Ruhe und Erholung, nach Anwendungen, medizinischer Behandlung und nach Sozialkontakten im Vordergrund steht (PETERS u. LÖWENBERG 1993). Patienten, die kaum darauf eingestellt sind, das psychotherapeutische Angebot für sich zu nutzen, stellen aber die Identität der Klinik als psychotherapeutischer Institution in Frage. Wie um ein Gegengewicht zu schaffen, betont die Klinik auf der anderen Seite ihre psychotherapeutische Aufgabenstellung, die sich aber nicht ohne weiteres mit dem Rehabilitationsauftrag deckt, der eben keine kausale Psychotherapie, sondern ein Zurechtkommen bei gegebener Krankheit beinhaltet.

Dieser strukturelle Konflikt psychosomatischer Rehabilitationskliniken, der immer wieder die Frage ihrer Identität aufwirft, wird zusätzlich durch den Aufbau eines Schwerpunktes zur Behandlung Älterer und damit durch die Aufnahme einer größeren Anzahl älterer Patienten in die Klinik aktiviert. Die Älteren scheinen sich nicht ohne weiteres in die Identität der Klinik einzufügen, ja diese zu bedrohen. Sie entsprechen noch weniger als andere Patientengruppen dem Ideal des motivierten und reflexionsfähigen Patienten, sie sind stärker fremdmotiviert und stellen häufiger ihre körperliche Symptomatik in den Vordergrund. Auch die in der Klinik üblichen Behandlungsziele, die an den jugendzentrierten Werten von Ablösung, Individuation und Selbstverwirklichung orientiert sind, können nicht unhinterfragt auf diese Gruppe übertragen werden. Manchmal begrenzte Behandlungserfolge scheinen die zunehmend eingeforderte Effektivitätsbilanz und teilweise höhere Behandlungskosten die finanzielle Bilanz zu gefährden. Diese Eigenheiten der Älteren aber stellen das Selbstverständnis der Klinik als psychotherapeutische Institution in Frage. Zum Teil dürfte es sich dabei lediglich um Zuschreibungen handeln, deren empirische Gültigkeit zur Zeit überprüft wird. Dennoch ist dieses Bild wirksam und führt immer wieder zu einem Identitätswiderstand, um einen Begriff von Erikson zu benutzen (vgl. Bauer u. Gröning 1995), der sich dann in Zuschreibungen oder Ausgrenzungsversuchen niederschlägt. Dadurch aber werden notwendige Innovations- und Integrationsprozesse erschwert und immer wieder die Frage nach der Sinnhaftigkeit der Behandlung Älterer aufgeworfen; der „Mythos“ von der Unbehandelbarkeit dieser Patientengruppe wird so immer wieder neu belebt.

Literatur

Bardé, B. (1993): Die psychotherapeutische Behandlung der Patienten durch ein therapeutisches Team. In: Bardé, B.; Mattke, D. (Hg.), Therapeutische Teams. Vandenhoeck & Ruprecht, Göttingen, S. 51–109.

Bauer, A.; Gröning, K. (1995): Institutionskonzepte in der Supervision. In: Bauer, A.; Gröning, K. (Hg.), Institutionsgeschichten, Institutionsanalysen. Edition diskord, Tübingen.

Becker, H.; Senf, W. (1987): Praxis der stationären Psychotherapie. Thieme, Stuttgart.

Freud, S. (1914): Zur Einführung des Narzißmus. GW Bd. X, S.137–170.

Hinze, E. (1987): Übertragung und Gegenübertragung in der psychoanalytischen Behandlung älterer Patienten. Psyche 41: 238–253.

Kahana, R.; Levin, S. (1971): Aging and the Conflict of Generations. J. of Geriatric Psychiatry 2: 115–136.

Lange, C.; Peters, M.; Radebold, H. (1994): Zur Versorgung Älterer in Psychosomatischen Kliniken. In: Heuft, G.; Kruse, A.; Nehen, G.; Radebold, H. (Hg.), Interdisziplinäre Gerontopsychosomatik. Medizin-Verlag, Wiesbaden, S. 243–253.

Lehr, U. (1991): Psychologie des Alterns. UTB (7. Aufl.), Heidelberg.

Levin, S. (1977): Normal Psychology of the Aging Process, Revisited-II. J. of Geriatric Psychiatry 1: 3–7.

Nemiroff, R.A.; Colarusso, M.D. (1985): The Race against Time. Plenum Press, New York.

Nübling, R. (1992): Psychotherapiemotivation und Krankheitskonzept. VAS, Frankfurt a.M.

Peters, M. (1995): Entwicklungspsychologische Aspekte eines stationären gruppenpsychotherapeutischen Konzeptes für Patienten in der zweiten Lebenshälfte. Gruppenpsychotherapie und Gruppendynamik 31: 358–372.

Peters, M.; Löwenberg, H. (1993): Erwartungen an die Behandlung in einer psychosomatischen Klinik. Zeitschr. f. Psychosom. Med. u. Psychoanal. 39: 38–51.

Peters, M.; Lange, C. (1994): Katamnestische Ergebnisse zur stationären psychotherapeutischen Behandlung über 60jähriger Patienten. Zeitschr. Gerontopsychologie und -psychiatrie 7: 47–56.

Peters, M.; Kaufmann, E. (1995): Verlauf der Behandlung eines älteren Patienten in einer Psychosomatischen Rehabilitationsklinik. Gruppenpsychotherapie und Gruppendynamik 31: 130–141.

Pühl, H. (1995): Der institutionelle Mythos. In: Bauer, A.; Grönin, K. (Hg.), Institutionsgeschichten, Institutionsanalysen. Edition diskord, Tübingen.

Radebold, H. (1988): Warum behandeln wir als Psychoanalytiker keine Älteren? psychosozial 11: 44–53.

Radebold, H. (1989): Psycho- und soziotherapeutische Behandlungsverfahren. In: Platt, D.; Österreich, K. (Hg.), Handbuch der Gerontologie, Bd. 5. Fischer, Stuttgart.

Radebold, H. (1992): Psychodynamik und Psychotherapie Älterer. Springer, Berlin.

Radebold, H. (1994): Psychoanalytische Psychotherapie und Psychoanalyse im höheren und hohen Erwachsenenalter. Zeitschr. f. psychoanal. Theorie und Praxis IX: 439–451.

RADEBOLD, H.; BECHTLER, H.; PINA, I. (1973): Psychosoziale Arbeit mit älteren Menschen. Lambertus, Freiburg.
RAUCHFLEISCH, U. (1990): Probleme der Indikationsstellung für eine psychoanalytische Psychotherapie von Delinquenten. In: SCHNEIDER, W. (Hg.), Indikationen zur Psychotherapie. Beltz, Weinheim.

Rezension

Hartmut Radebold, Ruth Schweizer: Der mühselige Aufbruch – über Psychoanalyse im Alter. Reihe „Geist und Psyche“. Fischer Taschenbuchverlag 1996. 255 Seiten, DM 19,90

Das Buch ist eine einzigartige „Duo-Graphie“: Da beschließt eine 65jährige, schwer neurotisch-depressive, selbstmordgefährdete Patientin – Frau Schweizer –, sich nach anderthalb Jahren andauernder Symptomatik in eine psychoanalytische Behandlung zu begeben, und schreibt ihre Eindrücke und Gefühle fortlaufend – ihrer Gewohnheit entsprechend – in ein Tagebuch. Und sie hat das Glück, in Radebold auf einen Psychoanalytiker zu treffen, der mit seinem Lehrstuhl für Klinische Psychologie an der Universität – GHS – Kassel im Sinne eines Forschungsschwerpunktes die Möglichkeiten psychoanalytischer Behandlungsprozesse bei alten Patienten aufzuzeigen sucht. Daher dokumentiert er die Diagnostik ebenso sorgfältig wie die einzelnen Behandlungsstunden mit den gesamten Träumen und Einfällen der Patientin zusammen mit seinen eigenen Gefühlen, Assoziationen und Deutungen. Und beide entschließen sich nach Abschluß des vier Jahre währenden hochfrequenten psychoanalytischen Prozesses, ihre eigenen Aufzeichnungen in einem Buch nebeneinander zugänglich zu machen, in dem der Leser Behandlungsabschnitt für Behandlungsabschnitt Einsicht zunächst in die Stundenprotokolle des Psychoanalytikers und dann in die Tagebuchaufzeichnungen der Patientin erhält.

Dabei geben beide Teilnehmer des psychoanalytischen Prozesses viel von sich preis: Der Name „Frau Schweizer" ist selbstverständlich ein Pseudonym, um die Identität der Patientin zu schützen. Denn wir erfahren ihre innersten Nöte mit einem patriarchalischen Vater (geb. 1879), Prediger einer freikirchlichen Sekte, und mit ihrer neun Jahre jüngeren Mutter, die wiederum von deren Eltern zur Ehe gedrängt wurde. Aus Sicht des Vaters bestand die Aufgabe der Mutter einzig und allein darin, vor allem viele Kinder zu gebären und aufzuziehen. In allem schien die Mutter wenig inneren Raum und Zugewandheit für ihre mittlere Tochter von insgesamt sieben Kindern übrig gehabt zu haben. Darin begründet sich die einfühlbare große Not und Verlassenheit ebenso wie die (narzißtische) Wut der Patientin, zumal der Vater nicht in der Lage war, dieses Defizit anhaltend zu kompensieren. Zwar entwickelte sich Frau Schweizer trotz aller politischen Widrigkeiten (NS-Diktatur; zweiter Weltkrieg) letztlich beruflich erfolgreich, weil sie nach ihrem Erleben nur den Wert der eigenständigen Leistung kannte. Dagegen blieben ihre Wünsche und Sehnsüchte im privaten Leben – bis auf wenige Frauenbeziehungen – auch im Selbstkontakt der Patientin mit sich unerfüllt. Nach ihrer Berentung hatte Frau Schweizer eine Art vorzeitiges „Selbstbegräbnis" (S. 175) begonnen (wie im Verlauf der Psychoanalyse verstanden wurde), indem sie ihr selbst wichtige Attribute der Selbständigkeit (z. B. ihr Auto) aufgab und zunehmend in eine hoffnungslose, angstvoll depressive Stimmung fiel, in der ihr der Tod als einziger Ausweg erschien.

Außerdem erfahren wir viel vom Psychoanalytiker: seine Assoziationen, seine Sorgen, ja seine Einsamkeit im Behandlungsprozeß, indem er sich intensiv auf die Begegnung mit der Patientin einläßt, sie regelrecht innerlich aufsucht und sich von ihrer Not tief anrühren läßt. Radebold teilt auch sehr persönliche biographische Einzelheiten mit, die durch die Biographie der Patientin in ihm angerührt werden. Daher ist es auch gut verständlich, daß er das Buch erst jetzt veröffentlicht – zu einem Zeitpunkt, da er seine psychoanalytische Praxistätigkeit zu reduzieren plant.

Der beiderseitige Behandlungsbericht ist ebenso spannend wie anstrengend zu lesen: spannend, weil der Leser wirklich mit hineingenommen wird in den Stundenverlauf; anstrengend, weil die destruktiven intrapsychischen Kräfte nicht einfach aufgeben und der „mühselige Aufbruch“ seine Zeit braucht. Dabei stellen die zahlreichen Träume der Patientin, in denen sie in ganz unterschiedlichen Altersstufen auftritt, den eigentlichen Kompaß in der zu leistenden Entwicklungsaufgabe dar. Durch die drucktechnische Absetzung der Interventionen des Psychoanalytikers einerseits und seiner Deutungen andererseits sowie schließlich der zusammenfassenden Schilderungen gliedert sich der Text sehr übersichtlich.

Im Anschluß an den Fallbericht sind noch drei kurze Kapitel angefügt, die der besonderen Erwähnung bedürfen. Im Kapitel VI („Ergebnisse“) wird aufgezeigt, daß sich sowohl zum Behandlungsende wie auch zu der katamnestischen Nachbefragung drei Jahre nach Therapieende ein stabiler, symptomfreier Befund sowohl aus Sicht des ehemaligen Behandlers wie der Patientin sichern läßt. Erhärtet wird diese Aussage durch die Auswertung von mehrfach über den gesamten Behandlungsverlauf durchgeführten Gießen-Tests, die eine beeindruckende Besserung zeigen. Im Kapitel VII werden die „besonderen Aspekte“ in der Arbeit mit alten Patienten diskutiert. Besonders herauszuheben ist die Bedeutung des „heimlichen Alters“ der Patienten, da zum Beispiel das geträumte Alter eines Traumtextes sicherer den Kontext auch innerhalb langer Biographien auffinden läßt. Im Kapitel VIII werden abschließend konzentriert die möglichen Widerstände auch ausgebildeter Psychotherapeuten gegen eine psychoanalytische Behandlung alter Patienten etwa durch die inverse Altersrelationen von Therapeut und Patient diskutiert.

Das Buch ist „ein Blick über die Schulter des Psychoanalytikers“ (S. 22), wie Radebold zu Recht hervorhebt, aber auch ein Blick über die Schulter der schwer leidenden Patientin. Die Identifikation gelingt mit beiden Protagonisten des Prozesses in einer sehr dichten Weise, so daß dieser Behandlungsbericht allen Interessierten empfohlen werden kann: angehenden wie ausgebildeten ärztlichen und psychologischen Psychotherapeuten gleich welcher methodischen Ausrichtung, die sich über die Möglichkeiten psychoanalytischer Behandlung – zumal auch bei Älteren – ein authentisches Bild machen wollen, Allgemeinmedizinern und Fachärzten, die gegenüber einer Überweisung zur adäquaten psychosomatisch-psychotherapeutischen Behandlung auch bei älteren Patienten oft noch skeptisch sind, und nicht zuletzt Betroffene, die für sich oder ihre Angehörigen Informationen über das Wesen psychoanalytischer Behandlungen wünschen.

GEREON HEUFT

Die Autoren

GEREON HEUFT, geb. 1954, Priv.-Doz., Dr. med., Facharzt für Psychiatrie und Neurologie, Facharzt für Psychotherapeutische Medizin, Psychoanalyse. Lehr- und Kontrollanalytiker (DGPT), Leitender Oberarzt der Klinik für Psychotherapie und Psychosomatik am Universitätsklinikum Essen.

ROLF D. HIRSCH, geb. 1946, Dr. phil., Dr. med., Dipl.-Psych., Arzt für Psychiatrie und Neurologie, Psychotherapie/Psychoanalyse. Chefarzt der Abteilung für Gerontopsychiatrie und des Gerontopsychiatrischen Zentrums der Rheinischen Landesklinik Bonn; seit 1989 Koordinator der Arbeitstagungen für Psychotherapie im Alter, seit 1992 Vorsitzender der Deutschen Gesellschaft für Gerontopsychiatrie und -psychotherapie; Dozent am Institut für analytische Psychotherapie im Rheinland.

JOHANNES KIPP, geb. 1942, Dr. med., Arzt für Neurologie und Psychiatrie, Psychotherapie, Psychoanalyse (DPV), Ärztlicher Leiter des Ludwig-Noll-Krankenhauses in Kassel (Klinik für Psychiatrie und Psychotherapie) und Koordinator der Psychotherapeutischen Weiterbildungsgemeinschaft Kassel.

PETER KUTTER, geb. 1930, Dr. med., ab 1974 Professor für Psychoanalyse im Fachbereich Psychologie der J.W. Goethe-Universität Frankfurt/Main; seit 1994 pensioniert. Lehr- und Kontrollanalytiker der DPV. Facharzt für psychotherapeutische Medizin.

MEINOLF PETERS, geb. 1952, Dr. phil., Dipl.-Psych., psychoanalytische Ausbildung, tätig in der Rothaarklinik für Psychosomatische Medizin (Bad Berleberg).

HARTMUT RADEBOLD, geb. 1935, Prof. Dr. med., Arzt für Nervenheilkunde, Lehranalytiker der DPV am Alexander-Mitscherlich-Institut in Kassel, Lehrstuhl für Klinische Psychologie und langjähriger Sprecher der Interdisziplinären Arbeitsgruppe für Angewandte Soziale Gerontologie (ASG) an der Universität Gesamthochschule Kassel.

LEOPOLD ROSENMAYR, geb. 1925, Prof. Dr. phil., Sozialforscher mit Spezialisierung in Jugend-, Alterns- und Generationenfragen sowie Studien zum Kulturwandel in der Dritten Welt. 15 Jahre lang Leiter von Feldforschungsprojekten in Westafrika. Leiter des Ludwig-Boltzmann-Instituts für Sozialgerontologie und Lebenslaufforschung in Wien.

GERTRAUD SCHLESINGER-KIPP, geb. 1952, Dipl.-Psych., Psychoanalytikerin (DPV), 1978–1985 Wiss. Mitarbeiterin an der Interdisziplinären Arbeitsgruppe für Angewandte Soziale Gerontologie (ASG) der Gesamthochschule Kassel, seitdem in eigener Praxis tätig.

MARTIN TEISING, geb. 1951, Prof. Dr. phil., Arzt für Psychiatrie und Psychotherapie, Psychotherapeutische Medizin, Psychoanalytiker (DPV). Lehrt am Fachbereich Pflege und Gesundheit der Fachhochschule Frankfurt/Main.